中国企业创新能力评价报告 2018

中国科学技术发展战略研究院
中央财经大学经济学院 著

科学技术文献出版社
SCIENTIFIC AND TECHNICAL DOCUMENTATION PRESS
·北京·

图书在版编目（CIP）数据

中国企业创新能力评价报告. 2018 / 中国科学技术发展战略研究院，中央财经大学经济学院著. —北京：科学技术文献出版社，2018.12
ISBN 978-7-5189-5068-3

Ⅰ.①中… Ⅱ.①中… ②中… Ⅲ.①企业创新—研究报告—中国—2018　Ⅳ.① F273.1

中国版本图书馆 CIP 数据核字（2018）第 288491 号

中国企业创新能力评价报告2018

策划编辑：李 蕊　责任编辑：崔灵菲　责任校对：张吲哚　责任出版：张志平

出 版 者	科学技术文献出版社
地　　址	北京市复兴路15号　邮编 100038
编 务 部	（010）58882938，58882087（传真）
发 行 部	（010）58882868，58882870（传真）
邮 购 部	（010）58882873
官方网址	www.stdp.com.cn
发 行 者	科学技术文献出版社发行　全国各地新华书店经销
印 刷 者	北京时尚印佳彩色印刷有限公司
版　　次	2018年12月第1版　2018年12月第1次印刷
开　　本	889×1194　1/16
字　　数	126千
印　　张	8.25
书　　号	ISBN 978-7-5189-5068-3
定　　价	86.00元

版权所有　违法必究

购买本社图书，凡字迹不清、缺页、倒页、脱页者，本社发行部负责调换

《中国企业创新能力评价报告 2018》
编辑委员会

主　　　任：胡志坚

副　主　任：张　丽

执　笔　人：（按姓氏笔画排序）
　　　　　　尹志锋　玄兆辉　朱迎春　刘辉锋
　　　　　　孙云杰　陈　钰　曹　琴　韩佳伟

前　言

创新是引领发展的第一动力。一国经济增长的持续动力来自创新，企业的核心竞争力也源自创新。面对我国经济发展步入新常态、产业与经济结构深刻调整的新形势，我国政府对企业创新能力的关注与日俱增，主张强化企业创新主体地位和主导作用，鼓励企业开展基础性前沿性创新研究，切实提升企业创新能力。

为了测度和反映企业的创新能力，发挥企业创新在转变经济发展方式、实施创新驱动战略中的作用，有必要对我国企业的创新活动和创新能力进行全面监测和评价，为科技管理和决策提供参考。

《中国企业创新能力评价报告》是国家创新调查制度系列报告之一。报告从 4 个维度对我国企业的创新能力进行评价。一是现状篇。基于我国 2017 年企业创新调查结果，对我国企业创新基本特征展开分析。二是历史篇。从创新投入能力、协同创新能力、知识产权能力和创新驱动能力 4 个维度构建企业创新能力评价指标体系，并基于指标体系对我国企业创新能力进行动态评价。三是国际篇。基于国际可比数据，从创新活跃程度、创新投入与协同创新能力、知识产权能力、创新驱动能力及领先型创新企业等维度展开评价，并与一些发达国家及发展中国家进行对比。四是区域篇。基于构建评价区域创新能力的指标体系，对我国省份之间企业创新的差异进行比较分析。

与《中国企业创新能力评价报告 2016》相比，本报告主要有两点变化。第一，现状篇新增对于规模以下企业创新情况的分析，并将相应数据与规模以上企业进行对比分析；将 2016 年的企业创新数据与 2014 年进行对比，并对变化较大的指标进行经济解释。第二，国际篇增加了关于欧盟 2017 年产业研发投入记分牌中全球研发投入 2500 强公司的国家分布及技术领域分布的分析。

本报告的研究编写得到了吕永波、孙诚、任锦鸾、刘建生等专家的指导和帮助，在此表示衷心感谢！胡前贵、路丽莹、海瀛丹、李丽娜、牛竟泽参与了部分章节的数据分析工作。

《中国企业创新能力评价报告 2018》
编辑委员会
2018 年 12 月

现状篇

第一章 我国企业创新特征分析——基于2017年全国企业创新调查数据   *1*

一、2017年企业创新调查的范围、内容及调查企业基本情况   *2*

二、我国企业创新基本特征   *5*

三、规模以上企业创新情况   *6*
（一）产品和工艺创新情况   *6*
（二）产品或工艺创新活动类型及创新费用情况   *9*
（三）产品或工艺创新信息来源情况   *10*
（四）产品或工艺创新合作情况   *11*
（五）产品或工艺创新阻碍因素情况   *12*
（六）知识产权及相关情况   *13*
（七）组织创新与营销创新情况   *14*

四、规模以下企业创新情况   *15*
（一）产品和工艺创新情况   *15*
（二）技术创新资金和技术来源情况   *16*
（三）技术创新合作情况   *17*

五、企业家对创新的认识   *17*
（一）规模以上企业的企业家对创新的认识   *18*

（二）规模以下企业的企业家对创新的认识　　24

　　六、小结　　26

历史篇

第二章　企业创新能力评价指标体系说明　29

　　一、总体说明　30
　　　（一）企业创新能力界定　30
　　　（二）构建企业创新能力评价指标体系的基本原则　30
　　　（三）企业创新能力评价指标体系构成　31
　　二、指标体系框架　31
　　　（一）创新投入能力　31
　　　（二）协同创新能力　31
　　　（三）知识产权能力　32
　　　（四）创新驱动能力　32
　　三、具体指标说明　34
　　　（一）创新经费　34
　　　（二）创新人力　34
　　　（三）研发机构　35
　　　（四）创新合作　35
　　　（五）创新资源整合　35
　　　（六）创新政策利用　36
　　　（七）知识产权创造　36
　　　（八）知识产权保护　37
　　　（九）知识产权运用　37
　　　（十）创新价值实现　38

（十一）市场影响力 　　38
（十二）经济社会发展 　　39

第三章　我国企业创新能力动态评价分析　　41

一、企业创新能力指数的构建 　　42

二、企业创新能力总体评价 　　42

三、企业创新能力分项指标评价 　　44
（一）创新投入能力 　　44
（二）协同创新能力 　　47
（三）知识产权能力 　　50
（四）创新驱动能力 　　53

四、小结 　　55

国际篇

第四章　我国企业创新能力国际比较　　57

一、创新活跃程度 　　58
（一）总体创新活跃程度 　　58
（二）产品与工艺创新活跃程度 　　59
（三）组织与营销创新活跃程度 　　59

二、企业创新投入与协同创新能力 　　60
（一）创新投入能力 　　60
（二）协同创新能力 　　61

三、知识产权获取能力及创新驱动能力　　　　　　　　　　*61*
　　（一）知识产权能力　　　　　　　　　　　　　　　　*61*
　　（二）创新驱动能力　　　　　　　　　　　　　　　　*62*

四、领军型创新企业国际比较　　　　　　　　　　　　　　*62*

五、小结　　　　　　　　　　　　　　　　　　　　　　　*67*

区域篇

第五章　我国区域企业创新能力比较分析　　　　　　　　*69*

一、指标选择及分析方法说明　　　　　　　　　　　　　　*70*

二、各地区企业创新能力分析　　　　　　　　　　　　　　*71*

三、小结　　　　　　　　　　　　　　　　　　　　　　　*119*

本章附录　数据来源说明　　　　　　　　　　　　　　　　*120*

为全面了解我国企业创新进展状况，更好地服务创新驱动发展战略，国家统计局在 2015 年全国企业创新调查的基础上，于 2017 年对我国企业进行了全国范围内的第二次创新调查，调查报告期为 2016 年。相较于 2015 年，2017 年企业创新调查新增了规模以下企业，进一步扩大了调查样本。总体看来，该调查数据能够全面、系统地反映我国企业创新发展特征。本章将基于 2017 年企业创新调查数据，分析我国企业创新的基本情况及企业家对创新的认识。

一、2017年企业创新调查的范围、内容及调查企业基本情况

我国 2017 年企业创新调查范围涉及工业，建筑业，批发和零售业，交通运输、仓储和邮政业，信息传输、软件和信息技术服务业，租赁和商务服务业，科学研究和技术服务业，水利、环境和公共设施管理业等创新活动相对密集的行业。其中，规模以上企业包括规模以上工业企业，特、一、二级总承包、专业承包建筑业企业，限额以上批发和零售业企业，规模以上交通运输、仓储和邮政业，信息传输、软件和信息技术服务业，租赁和商务服务业，科学研究和技术服务业，水利、环境和公共设施管理业企业。

与 2015 年调查相比，2017 年调查范围增加了资质等级二级建筑业企业，减少了金融业企业，并将调查范围扩展至规模以下企业。规模以下企业包括规模以下工业企业，交通运输、仓储和邮政业，信息传输、软件和信息技术服务业，租赁和商务服务业，科学研究和技术服务业，水利、环境和公共设施管理业企业。与规模以上企业相比，

不包括建筑业、批发和零售业。

2017年创新调查对规模以上企业采用全面调查方法，调查样本共计72.6万家，其中规模以上工业企业37.9万家，特、一、二级总承包、专业承包建筑业企业4.0万家，限额以上批发和零售业企业19.3万家，规模以上重点服务业企业11.4万家。规模以下企业采用抽样调查与重点调查相结合的方法：对企业创新活动分布和创新类型等基本情况实施抽样调查；对创新资金和技术来源、创新合作、创新政策、创新成效、创新规划等相关情况实施重点调查。抽样调查有效样本量约5.4万家，重点调查有效样本量约1.9万家[①]。

依据不同行业创新的差异性，2017年企业创新调查采取分设问卷调查方法，规模以上企业创新调查的基层表式有6张，包括工业企业、建筑业企业和服务业企业分别填报的创新情况表（3张）及企业家问卷（3张）。国家统计局统计一套表中的其他调查表式，特别是工业企业科技活动年度统计调查的部分内容作为此调查的重要补充。规模以下企业创新调查有基层表式1张。调查的主要内容包括企业开展各类创新活动的基本情况，企业创新投入及产出、产学研合作创新、创新信息来源、创新阻碍因素、知识产权及相关情况等，以及企业家对创新的认识、创新激励措施实施、创新政策落实效果、创新战略目标制定等情况。此次调查的标准时点为2016年12月31日。调查的报告期为2016年度，与2015年调查相比，定性指标报告期长度由2年变为1年。

相较于2015年，2017年规模以上企业创新调查的基层表式中创新情况表新增了企业家团队基本信息一栏，与2015年调查只反映填表企业家信息不同，此次调查反映了被调查企业整个企业家团队的信息，对企业家的认识更为全面。2017年企业家问卷删除了第六项"以下有关政策对贵企业开展创新活动的影响程度"中的"政府采购

[①] 调查执行国家有关统计分类标准及规定。其中，规模以上工业企业包括年主营业务收入2000万元及以上的工业企业法人；特、一、二级建筑业企业包括资质等级为特级、一级和二级的总承包和专业承包建筑业企业法人；限额以上批发和零售业企业包括年主营业务收入2000万元及以上的批发业、年主营业务收入500万元及以上的零售业企业法人；规模以上服务业企业包括年营业收入1000万元及以上，或年末从业人员50人及以上的重点服务业企业法人；规模以下工业企业包括年主营业务收入在2000万元以下的工业企业法人；规模以下服务业企业包括年营业收入1000万元以下且年末从业人员50人以下的重点服务业企业法人。国民经济行业分类采用GB/T 4754—2011标准。

相关政策",新增"关于推进大众创业万众创新的各项政策",一定程度上体现了国家创新政策的新变化。

从调查企业基本情况来看,2017年规模以上企业(调查样本量)达到72.6万家,较2015年增长了12.5%;企业年末从业人员达到1.6亿人,主营业务收入达到195.0万亿元,利润总额达11.2万亿元,资产总计为221.6万亿元。

从企业的产业分布来看,2017年与2015年大体一致,工业企业数量最多,占52.1%;其次为服务业企业,占42.3%;建筑业企业最少,占5.6%。从企业的地区分布来看,2017年也与2015年大体一致,东部地区企业占比最高,达到58.1%;其次为中部地区,为21.6%;西部地区15.3%;东北地区企业占比为5.0%[①](图1-1)。

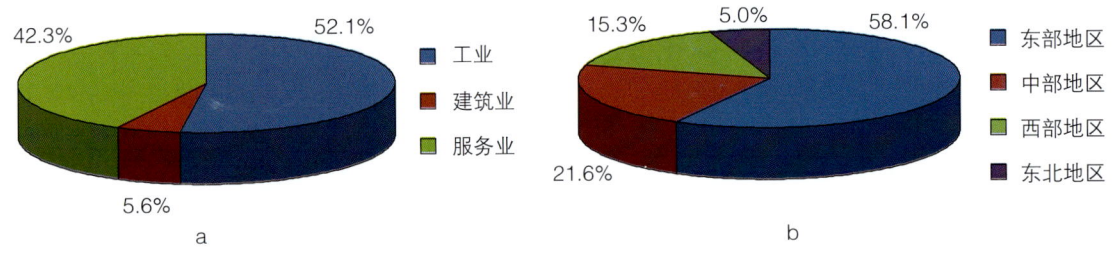

图1-1 规模以上企业数量按产业及地区分布

2017年企业创新调查中规模以下企业数为5.4万家。从企业的产业分布来看,服务业企业数量最多,达到55.4%;其次为工业企业,达到44.6%。从企业的地区分布来看,东部地区企业占比最高,达到46.1%;其次为西部地区(29.5%)和中部地区(18.1%);东北地区企业占比为6.2%(图1-2)。对比图1-1和图1-2可以发现,规模以下企业的产业及地区分布均与规模以上企业有所不同,规模以上企业中工业企业数量居多,而规模以下企业中服务业企业数量居多;同时,规模以上企业中中部地区企业占比高于西部地区,而规模以下企业中西部地区企业占比高于中部地区。

---

① 东部地区包括北京、天津、河北、上海、江苏、浙江、福建、山东、广东和海南10个省市。中部地区包括山西、安徽、江西、河南、湖北和湖南6个省。西部地区包括内蒙古、广西、重庆、四川、贵州、云南、西藏、陕西、甘肃、青海、宁夏和新疆12个省区市。东北地区包括辽宁、吉林和黑龙江3个省。

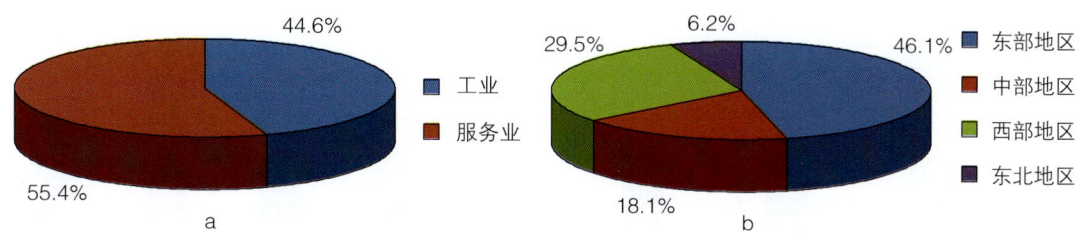

图1-2 规模以下企业数量按产业及地区分布

二、我国企业创新基本特征

2016年,开展创新活动的规模以上企业数为28.4万家,占全部企业的39.1%。其中,实现创新的企业为26.2万家,占全部企业的36.1%;同时实现4种创新(产品创新、工艺创新、组织创新、营销创新)的企业达到5.7万家,占全部企业的7.9%。

开展创新活动的规模以下企业数为1.1万家,占全部企业的19.4%。其中,实现创新的企业为1.0万家,占全部企业的18.8%。相较于规模以上企业,规模以下企业中有创新活动的及实现创新的企业占比均较低。

从规模以上企业中实现创新的占比来看,不同产业企业的创新活跃程度存在明显差异。2016年工业企业的创新活跃程度最高,实现创新的企业占全部工业企业的比重达到44.0%;其次为服务业,实现创新的企业占比为27.7%;建筑业中有26.8%的企业实现了创新,较2014年的54.7%有较大幅度的下降,这主要是由于2017年调查范围新增资质等级二级建筑业企业。从地区分布来看,实现创新企业占比按东部地区、西部地区、中部地区、东北地区依次递减,东部地区约有39.0%的企业实现了创新,而东北地区仅有22.3%的企业实现了创新(图1-3)。

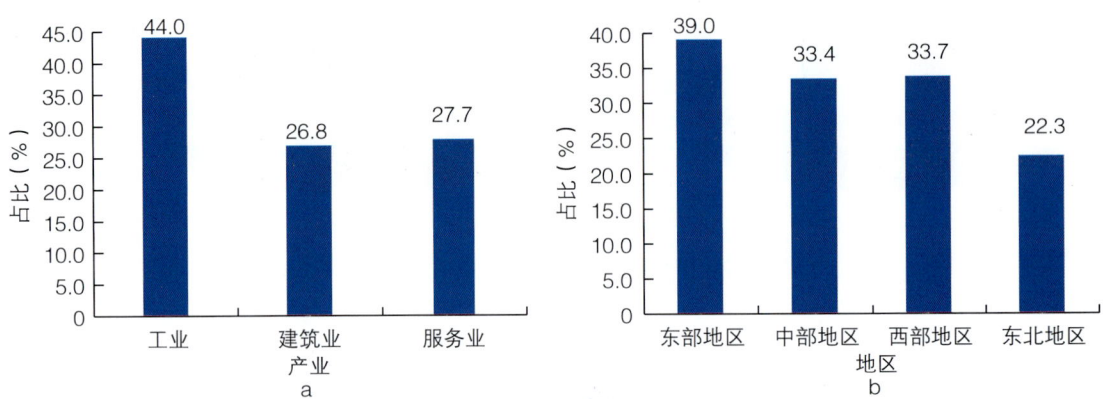

图1-3 规模以上企业实现创新企业占全部企业比重按产业及地区分布

规模以下企业实现创新企业占比较规模以上企业占比要低。其中，服务业企业的创新活跃程度较高，实现创新的企业占全部企业的比重为19.9%；工业企业这一比例为17.4%。从地区分布来看，实现创新企业占比按东部地区、中部地区、西部地区、东北地区依次递减，东部地区约有20.4%的企业实现了创新，而东北地区仅有13.1%的企业实现了创新（图1-4）。

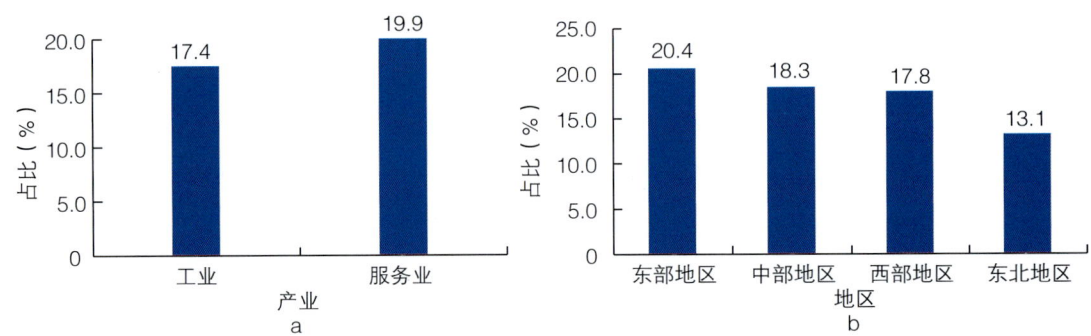

图1-4 规模以下企业实现创新企业占全部企业比重按产业及地区分布

三、规模以上企业创新情况

（一）产品和工艺创新情况

1. 实现产品或工艺创新的企业占比为22.0%

实现产品、工艺创新的企业数分别为12.1万家、13.0万家，占全部企业的16.7%和17.9%；实现产品或工艺创新的企业占全部企业的22.0%；同时实现产品和工艺创新的企业占全部企业的 12.6%（图 1-5）。

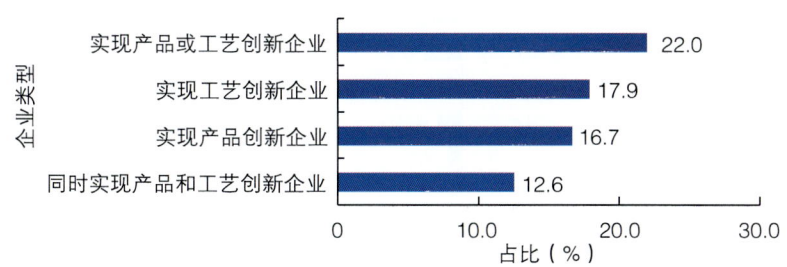

图1-5　实现产品、工艺创新企业占全部企业比重

2.企业产品或工艺创新存在产业和地区差异

分产业来看，2016 年有 31.8% 的工业企业实现了产品或工艺创新；建筑业占比为 12.5%，较 2014 年的 37.6% 有较大幅度的下降；服务业占比最低，为 11.2%。分地区来看，东部地区实现产品或工艺创新的企业占比最高，达 25.0%；其次为中部地区、西部地区；东北地区企业占比仅为 11.6%（图 1-6）。

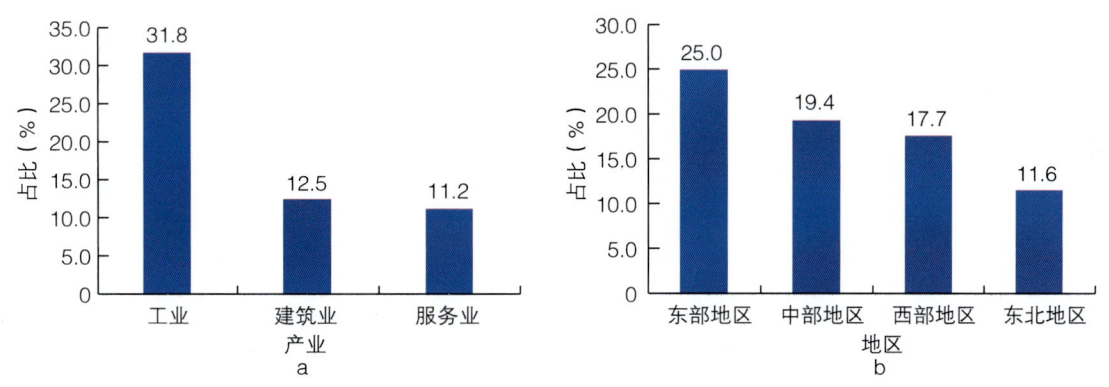

图1-6　实现产品或工艺创新企业占全部企业比重按产业及地区分布

3.企业独立开发是产品创新和工艺创新的主导模式

在实现产品创新的企业中，有 80.0% 的企业选择独立开发模式；分别有 10.8%、8.2% 的企业选择与境内高等学校合作开发、与境内其他企业合作开发；同时，分别有逾 6% 的企业选择与集团内企业合作开发、在其他单位开发的基础上调整或改进。2016 年选择独立开发模式的企业占比相较于 2014 年上升了 4.0 个百分点，而与其他单位合作开发的比例相对减少（图 1-7）。

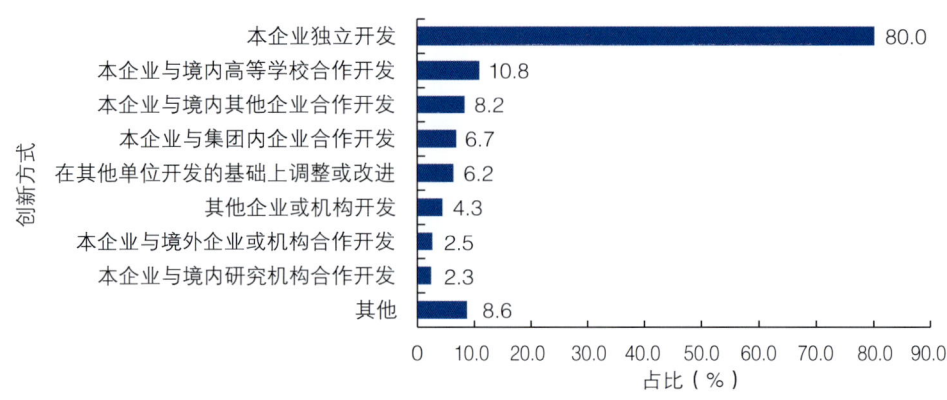

图1-7 实现产品创新企业的创新方式

2016年，在实现工艺创新的企业中高达71.4%的企业选择独立开发模式。与实现产品创新的企业类似，选择独立开发模式的占比较2014年上升了4.5个百分点，而除与境内高等学校合作占比略有上升外，其余形式占比均略有降低（图1-8）。

图1-8 实现工艺创新企业的创新方式

4.超过60%的企业有市场新产品，新产品销售收入比重超过10%

在实现产品创新的企业中，有市场新产品的企业占61.7%；新产品销售收入达25.9万亿元，占主营业务收入的13.3%。新产品销售收入占主营业务收入比重存在一定的产业差异，建筑业占比达16.9%，高于工业（15.1%）和服务业（9.2%）。由于扩大调查范围，2016年建筑业整体创新表现有所下降，新产品销售占主营业务收入比重较2014年下降了5.9个百分点，但仍高于工业。

（二）产品或工艺创新活动类型及创新费用情况

1.进行内部研发、获得机器设备和软件是企业最重要的创新活动类型

2016年企业创新活动类型分布与2014年一致，但主要创新活动类型占比均略有下降。2016年在开展产品或工艺创新活动的企业中，有48.9%的企业开展内部研发活动，属最为频繁的创新活动类型；有43.2%的企业存在购买机器设备和软件的创新活动；37.6%的企业提供了相关培训；进行市场推介、相关设计的企业占比分别为19.9%、19.0%；进行外部研发、从外部获取相关技术的企业占比分别为8.7%、4.1%（图1-9）。这表明我国企业更多地偏向于开展内部研发，从外部获得技术与知识的活动相对较少。

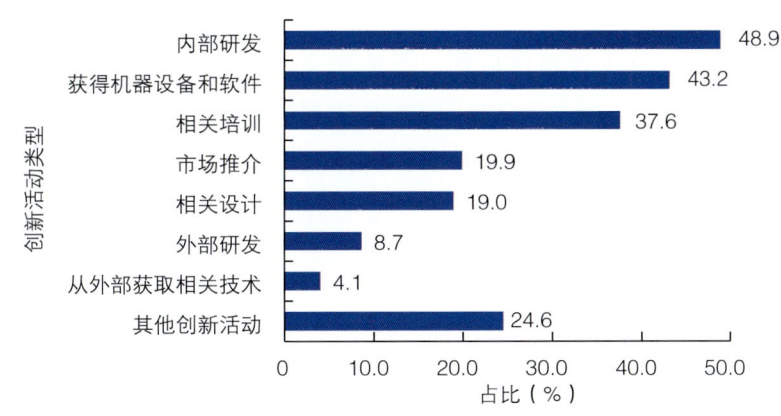

图1-9　开展产品或工艺创新活动企业的创新活动类型

2.工业企业内部研发支出占创新费用比重超过60%

2016年工业企业创新费用支出达1.7万亿元。其中，内部研发经费支出占创新费用支出比重达62.6%，较2014年的55.8%有所上升，构成最为主要的创新费用支出项目；获得机器设备和软件经费的支出占创新费用支出比重为30.0%；从外部获取相关技术经费支出占比为3.9%（图1-10）。可见，企业的创新经费支出结构与创新活动类型高度相关（即相对多的内部创新活动，相对少的外部创新合作），这是创新活动类型在资金层面的真实反映。

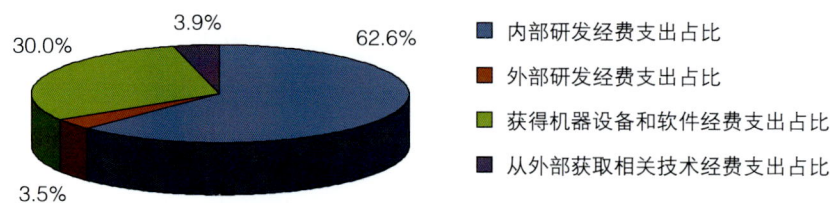

图1-10 工业企业创新费用构成

（三）产品或工艺创新信息来源情况

客户是企业最为重要的信息来源，企业内部及竞争对手或同行业企业所提供的信息不可忽视。在开展产品或工艺创新的19.2万家规模以上企业中，有42.4%的企业认为来自客户的信息对于其创新影响较大，有36.6%的企业认为企业内部信息对于创新至关重要，另有21.2%的企业高度重视来自竞争对手或同行业企业的信息；此外，分别有超过17%的企业认为来自供应商、行业协会的信息对其创新有重要影响；超过14%的企业认为来自展会和政府部门的信息对其创新活动具有较大影响；相对而言，大部分企业认为来自文献期刊、高等学校及市场咨询机构的信息，对于创新的影响相对较小（图1-11）。但相较于2014年，2016年认为来自高等学校、研究机构和政府部门的信息对企业创新影响较大的企业占比略有上升，而其他信息渠道占比略有下降，一定程度上表明产学研合作的重要性日益显现。

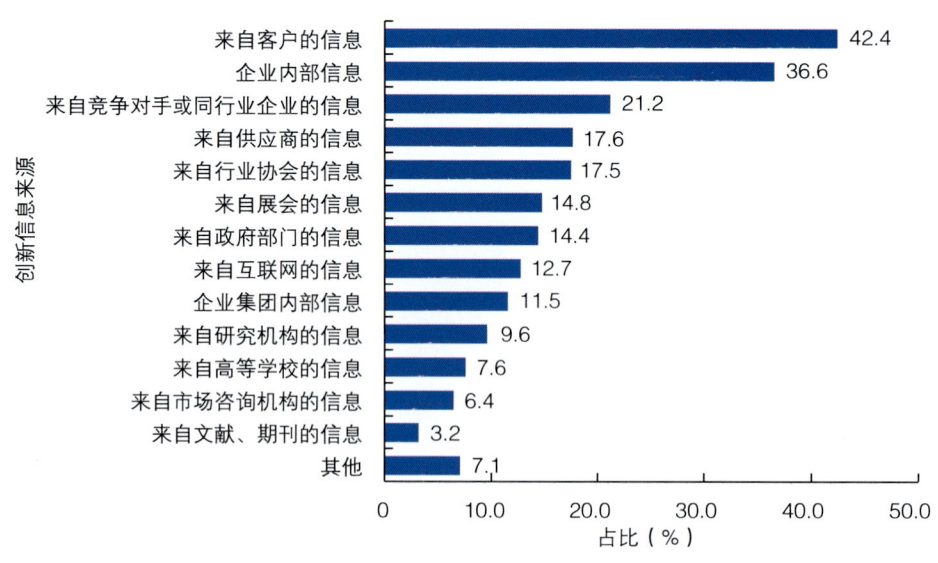

图1-11 创新信息来源对开展产品或工艺创新活动企业创新的影响

（四）产品或工艺创新合作情况

1.超过16%的企业开展合作创新，上下游主体是企业最核心的合作对象

2016年开展合作创新的企业达12.0万家，占全部企业的16.5%。在合作创新企业中，与客户结成合作关系的企业达41.8%，与供应商结成合作关系的企业占34.7%，两者分居前两位，表明上下游主体仍同2014年一样，构成企业最为频繁的合作对象；另有31.5%、28.2%的企业分别与高等学校、集团内其他企业结成合作关系，与创新信息来源情况相似，与高等学校开展合作的企业占比较2014年略有上升；与行业协会、研究机构、竞争对手或同行业企业结成合作关系的企业占比分别为19.7%、19.2%、15.4%；与政府部门或与市场咨询机构开展创新合作的企业占比大体相当，约为11%；与风险投资机构进行合作创新的企业占比最低，仅为1.3%（图1-12）。

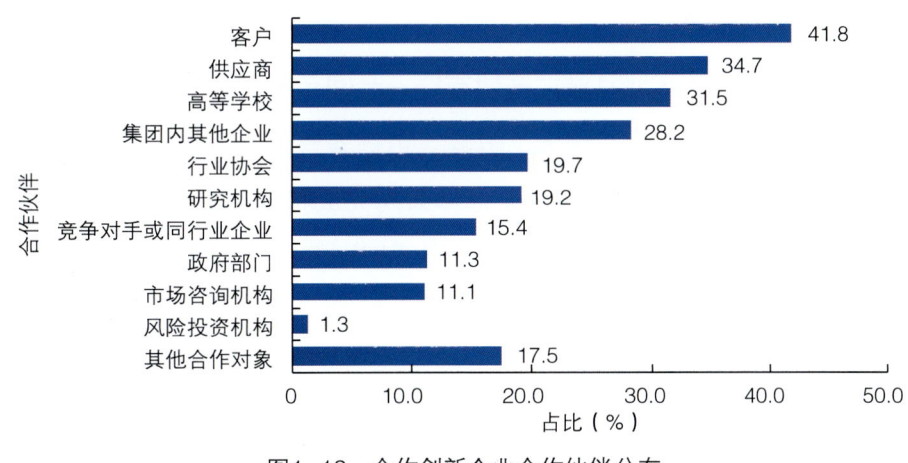

图1-12 合作创新企业合作伙伴分布

2.客户与供应商对企业创新具有核心价值，其次为高等学校

在合作创新企业中，有38.4%的企业认为客户在其创新过程中具有较大的价值；有29.1%的企业认为与供应商的合作对于其创新具有正向影响；分别有25.5%和23.0%的企业认为与高等学校、集团内其他企业合作有利于其创新发展；有近15%的企业认为与行业协会、研究机构合作对于其创新影响较大；有近13%的企业认为与竞争对手或同行业企业合作对于其创新发展影响较大（图1-13）。总体上，该部分的结果与合作伙伴分布具有高度一致性，同时，相较2014年，2016年认为大部分合作伙伴对企业创新有较大价值的企业占比均有较大幅度的提高（最高为高等学校，占比由 2014 年的 13.8% 上升到 2016 年的 25.5%），一定程度上表明了企业对合作创新的价值认可度在提高。

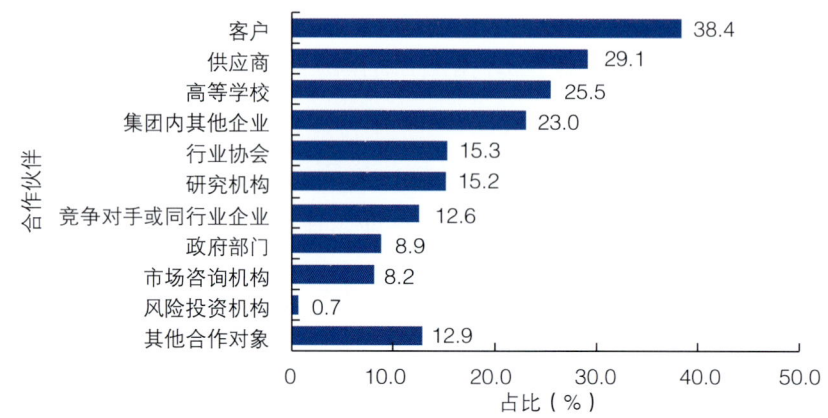

图1-13　创新合作伙伴对企业的相对重要性

3. 近40%的合作创新企业开展产学研合作，共同完成科研项目为主导模式

开展产学研合作的企业数达到 4.7 万家，占创新合作企业总数的 39.2%。在开展产学研合作的企业中，有 67.3% 的企业选择共同完成科研项目模式，较 2014 年上升了 4.6 个百分点，该模式在所有产学研合作形式中继续保持主导地位。另有 31.7% 的企业选择聘用高校或研究机构人员到企业兼职，有 28.6% 的企业选择在企业建立研发机构；在高校或研究机构中设立研发机构的企业占比达 10.9%（图 1-14）。以上数据体现出我国企业拥有较为多元的产学研合作模式。

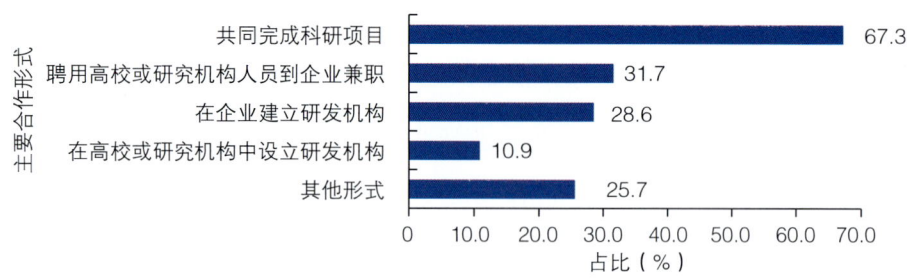

图1-14　产学研合作企业的主要合作形式

（五）产品或工艺创新阻碍因素情况

近 1/4 的企业认为缺乏人才或人才流失是最主要的创新阻碍因素，创新意识不足、创新费用成本过高也在一定程度上阻碍创新。在全部72.6万家规模以上企业中，有24.0%的企业认为缺乏人才或人才流失是阻碍创新的主要因素；有16.2%的企业认为"没有创新的必要"，较2014年的18.3%有所降低，表明企业的创新意识逐步提高；分别有17.2%、14.4%的企业将创新成本过高、缺乏技术信息归为主要的创新阻碍因素；分别有约11%的企业将创新的阻碍因素归结为缺乏银行贷款支持、不能确定市场需求、缺乏内部资金；市场已被占领、创新成果易被低成本模仿等因素对创新的阻碍较小（图1-15）。

图1-15　企业创新的阻碍因素分布

（六）知识产权及相关情况

超过一半的企业采取了知识产权保护或相关措施，发挥时间上的先发优势、对技术秘密进行内部保护构成主要的保护模式。2016年，采取知识产权保护或相关措施的规模以上企业数达到37.3万家，占全部规模以上企业总数的51.4%，较2014年提高了6.0个百分点，表明企业知识产权保护意识有所提高。在全部企业中，有20.7%的企业通过发挥时间上的先发优势从技术成果中获益；有12.6%的企业对技术秘密进行了内部保护；另有12.0%的企业申请了注册商标；申请了发明专利及其他专利的企业占比分别为5.5%、6.0%；形成国家或行业技术标准的企业占6.5%；应用难以复制的复杂技术、申请版权登记的企业占比较低，分别为2.7%、2.6%（图1-16）。

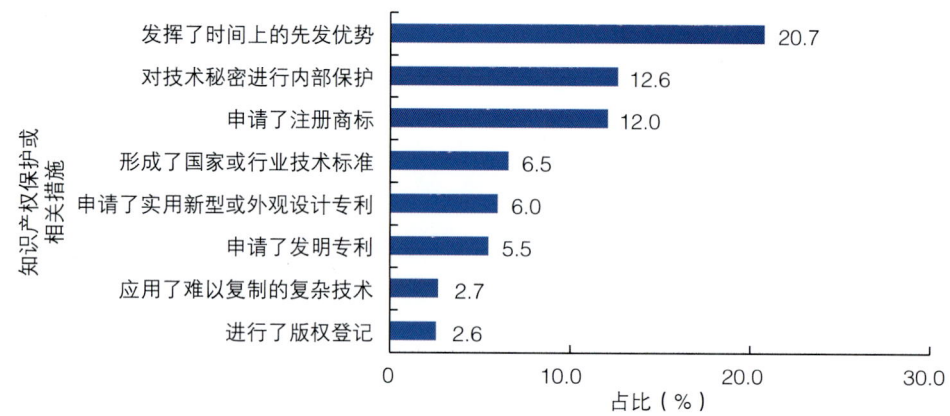

图1-16 企业采取知识产权保护或相关措施占比

（七）组织创新与营销创新情况

1.实现组织或营销创新、组织和营销创新的企业占比分别为30.1%及16.8%

实现组织或营销创新的企业数达到21.9万家，占全部企业的30.1%；实现组织创新的企业占比为24.2%；实现营销创新的企业占比为22.7%；同时实现组织和营销创新的企业占比为16.8%（图1-17）。

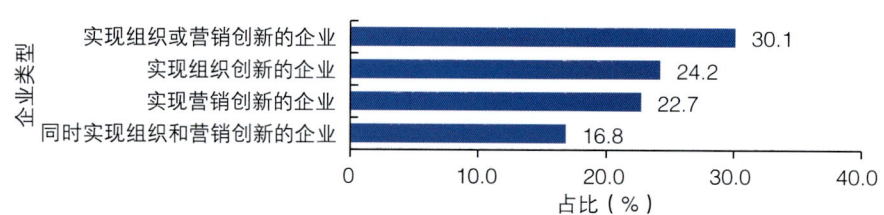

图1-17 实现组织、营销创新企业占全部企业比重

2.企业组织或营销创新存在产业和地区差异

分产业来看，工业企业中实现了组织或营销创新的企业占比最高，达到34.4%；其次为服务业（25.6%）；建筑业占比最低，为23.9%。分地区来看，东部地区实现组织或营销创新的企业占比最高，达31.2%，其次为西部地区、中部地区，分别为30.5%和29.2%；东北地区最低，为19.8%（图1-18）。

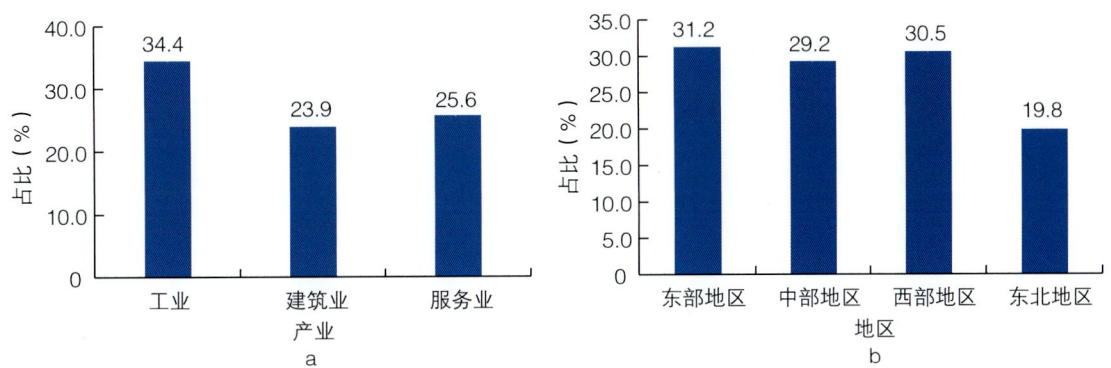

图1-18 实现组织或营销创新企业占全部企业比重的产业及地区分布

四、规模以下企业创新情况

（一）产品和工艺创新情况

1.实现产品或工艺创新的企业占比为11.0%，低于规模以上企业

规模以下企业实现产品、工艺创新的企业数分别为0.4万家、0.3万家，占规模以下企业的比重分别为7.7%和5.6%，均低于规模以上企业（16.7%和17.9%）；实现产品或工艺创新的企业占全部企业的11.0%，亦低于规模以上企业（22.0%）（图1-19）。

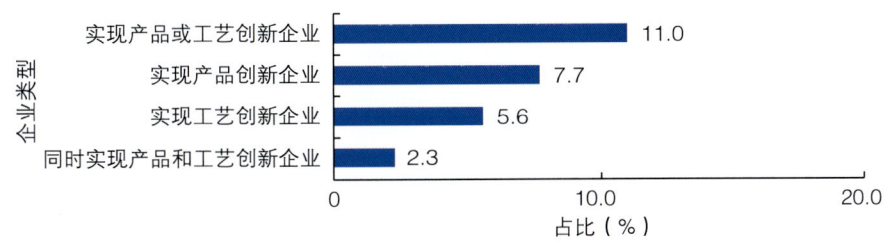

图1-19 实现产品、工艺创新企业占全部企业比重

2.分产业和地区来看，实现产品或工艺创新的企业占比均低于规模以上企业

分产业来看，规模以下企业中有11.1%的工业企业实现了产品或工艺创新，低于规模以上企业（31.8%）；其次为服务业，占比为10.9%，略低于规模以上企业（11.2%）。分地区来看，东部地区实现产品或工艺创新的企业占比最高，为12.1%；其次为中部地区、西部地区；东北地区企业占比仅为7.6%（图1-20）。

中国企业创新能力评价报告 2018

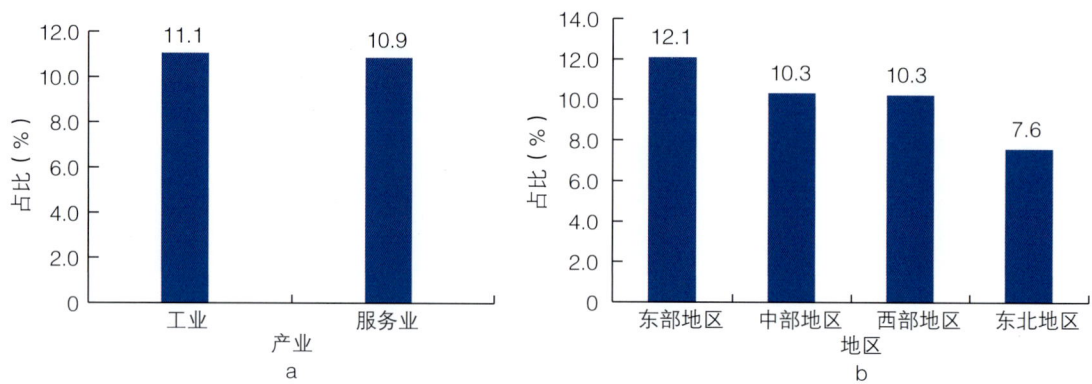

图1-20　实现产品或工艺创新企业占全部企业比重按产业及地区分布

（二）技术创新资金和技术来源情况

1.近90%实现技术创新企业的创新资金来源于自有资金

在实现技术创新（包括产品创新和工艺创新）的企业中，87.2%的企业利用自有资金支撑企业创新；分别有16.0%、9.2%的企业通过银行贷款、民间借贷筹集创新资金；另分别有5.2%、2.7%的企业创新资金来源于政府资金、众筹，较少有企业创新资金来源于风险投资和接受委托资金（图1-21）。

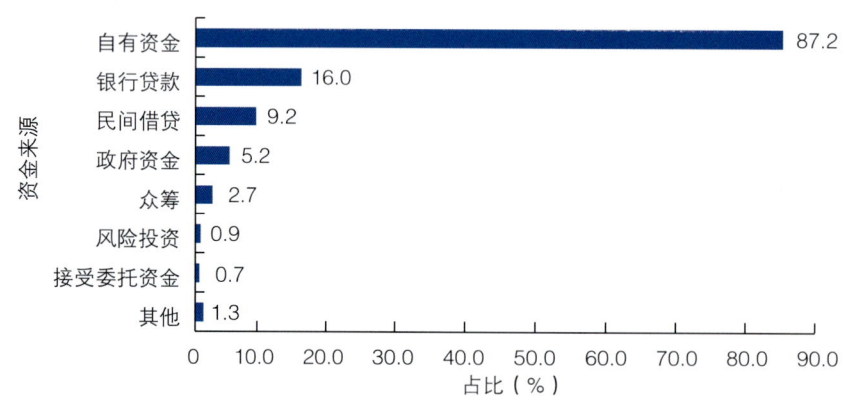

图1-21　实现技术创新企业创新资金来源的分布

2.超过60%实现技术创新企业的技术来源于独立研发

类似于规模以上企业，独立研发是规模以下企业技术创新的主导模式。实现技术创新的规模以下企业中，有62.0%的企业技术来源于独立研发，24.0%的企业技术来源于合作开发；另分别有16.8%、7.5%的企业技术来源于购买技术、委托开发（图1-22）。

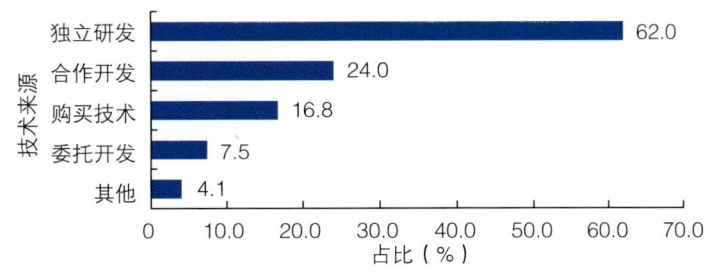

图1-22　企业技术创新技术来源分布

（三）技术创新合作情况

在实现技术创新的规模以下企业中，24.0%的企业有技术创新合作，占比高于规模以上企业（16.5%）。在技术创新合作企业中，51.8%的企业选择与客户或供应商开展合作，类似于规模以上企业，上下游主体也构成了规模以下企业的核心合作伙伴；与高等学校合作的企业占比为24.3%，与研究机构合作的企业占比为18.5%（图1-23）。

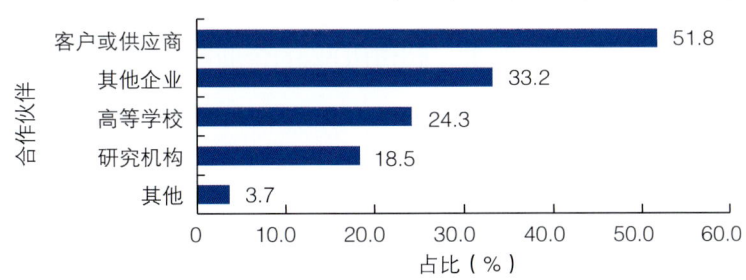

图1-23　企业技术创新合作伙伴分布

五、企业家对创新的认识

2017年全国企业创新调查提供了3张企业家（包括企业副总经理或相应级别以上的高层管理人员）问卷，分别供规模以上工业企业、建筑业企业和服务业企业填报，以获知规模以上企业的企业家对创新的认识；供规模以下企业填报的仅基层表式1张，旨在获取规模以下企业的企业家对创新的认识。受访的规模以上企业的企业家数为72.6万人，规模以下企业的企业家数为5.4万人。

（一）规模以上企业的企业家对创新的认识

1. 企业家基本情况

（1）近80%的企业家为男性，30～50岁年龄段的企业家是主要群体

2016年，企业家中男性所占比重达79.6%，高于2014年的60.9%；处于30～39岁、40～49岁的企业家分别占总体的31.8%、36.9%，两者合计达68.7%，构成我国企业家的主要群体；同时，50～59岁的企业家占比为16.7%，仅有2.2%的企业家年龄大于或等于60岁（图1-24）。相较于2014年，2016年40岁以下的企业家占总体的比重上升了5.0个百分点，企业家群体更显年轻化。

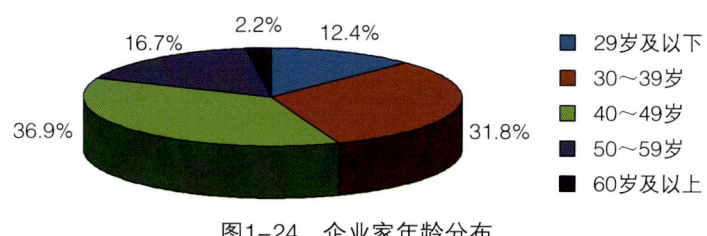

图1-24 企业家年龄分布

（2）企业家学历以本科及大专为主，超过80%的企业家认可创新的重要性

企业家中本科学历的占比最高，达37.2%，较2014年有所提高，且超过了大专学历所占比重；大专学历的企业家占29.3%；分别有6.0%、1.1%的企业家拥有硕士、博士学位，占比均较2014年有所提高（图1-25）。整体而言，本科及以上学历的占比上升了5.2个百分点，企业家学历水平较2014年有所提高。

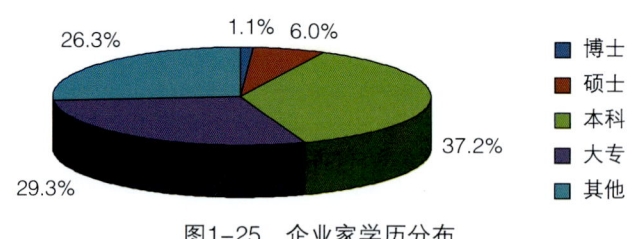

图1-25 企业家学历分布

超过八成的企业家认可创新对于企业发展的重要性。认为创新对企业的生存和发展起了重要作用的企业家占比为22.8%，认为创新起了一定作用的企业家占比为58.5%，有18.7%的企业家认为创新对于企业发展并不起作用。

2. 创新对企业的影响情况

（1）超过30%的企业家认为产品创新影响最大，其次为组织和营销创新

在实现创新的企业中，有31.6%的企业家认为产品创新对企业影响最大，该占比低于2014年，但仍高于其他3种创新类型；其次分别有26.5%、24.3%的企业家认为组织创新和营销创新对企业影响最大；有17.7%的企业家认为工艺创新对于企业经营影响深远（图1-26）。相较于2014年，2016年认为产品创新和工艺创新对企业影响最大的企业家占比下降了7.9个百分点，而认为组织和营销创新对企业影响最大的企业家占比相应上升。这一现象在一定程度上显示，现代经济中组织形式和营销手段创新会对企业产生深刻影响。

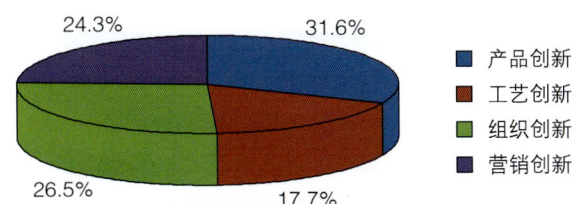

图1-26 企业家对各类创新重要性的认识

（2）多数企业家认为产品创新的重要性体现在提高了产品性能

在实现产品创新的企业中，有81.8%的企业家认为产品创新提高了产品性能，对企业影响深刻；分别有超过75%的企业家认为产品创新的功效在于增加了产品品种、开拓了新市场；另分别有69.5%、65.5%的企业家认为产品创新通过扩大市场份额、取代过时产品，而对企业产生深远影响（图1-27）。整体而言，企业家认可产品创新可以通过多种渠道对企业产生影响。

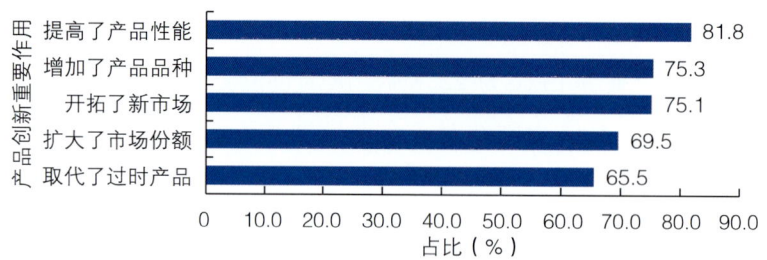

图1-27　企业家对产品创新重要作用的认识

（3）多数企业家认为工艺创新的重要性体现在提高了生产效率

在实现工艺创新的企业中，有80.5%的企业家认为工艺创新有利于提高生产效率；有72.0%的企业家认为工艺创新提高了生产灵活性；另外，将工艺创新的重要作用归纳为降低人力成本、减少环境污染、降低能源消耗、改善工作条件、节约原材料的企业家占比均超过60%（图1-28）。

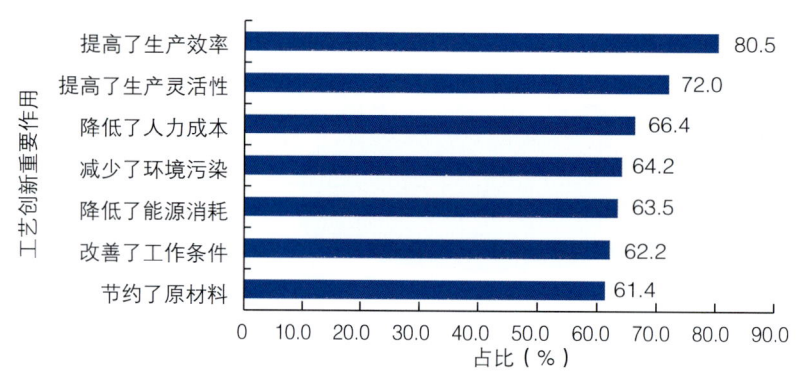

图1-28　企业家对工艺创新重要作用的认识

（4）多数企业家认为组织创新的重要性体现在提升了管理效率

在实现组织创新的企业中，有77.0%的企业家认为组织创新有利于提升管理效率；分别有73.2%、72.2%的企业家认为组织创新的核心作用在于提高了产品质量、加快了对客户或供应商的响应速度；另分别有65.0%、63.4%的企业家认为组织创新有利于提高信息交换与共享的水平、提高新产品或新工艺的开发能力；分别有超过60%的企业家认为组织创新会通过改善员工工作条件、降低单位成本，而对企业产生深刻影响（图1-29）。

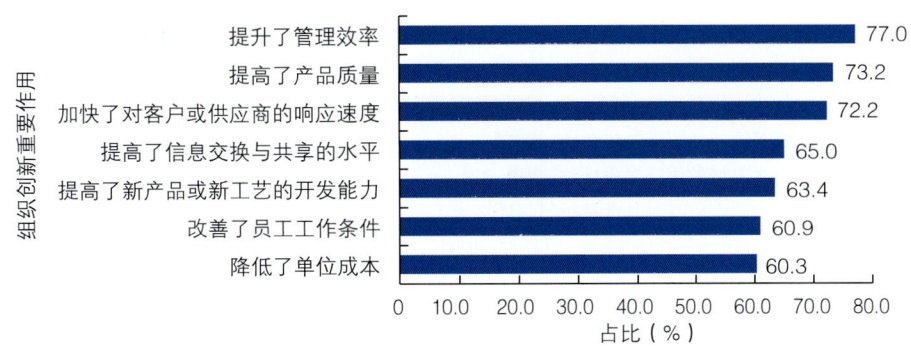

图1-29　企业家对组织创新重要作用的认识

（5）多数企业家认为营销创新的重要性体现在开拓了新客户群体

在实现营销创新的企业中，有71.5%的企业家认为营销创新有利于开拓新客户群体，有70.9%的企业家认为营销创新的功效在于保持或扩大市场份额；另有67.8%的企业家认为营销创新有利于开拓新市场区域（图1-30）。营销创新将有利于从新客户、新市场区域2个维度增进企业的市场份额。

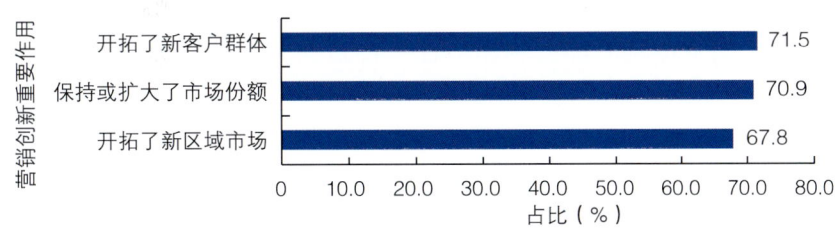

图1-30　企业家对营销创新重要作用的认识

（6）超过50%的企业制定了创新战略目标，增加创新投入、提升企业竞争力为主要战略目标

2016年制定创新战略目标的企业数达到37.3万家，占全部企业的51.3%。在制定创新战略目标的企业中，有52.2%的企业家将创新战略定位于增加创新投入、提升企业竞争力；分别有19.4%、18.7%的企业家设定了赶超同行业国内领先企业、保持现有的技术水平和生产经营状况的创新战略；另分别有5.4%、4.0%的企业家将创新战略定义为赶超同行业国际领先企业、保持本领域的国际领先地位（图1-31）。

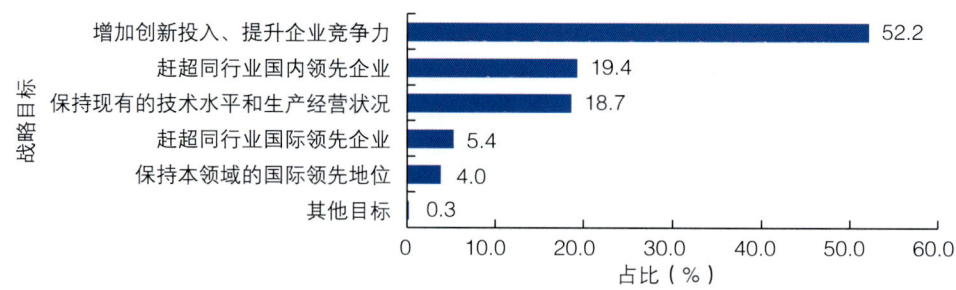

图1-31 企业创新战略目标分布

3.创新成功的影响因素

（1）超过70%的企业家认为高素质人才、员工对企业的认同感至关重要

在开展创新活动的企业中，有71.3%的企业家认为高素质的人才对于创新成功至关重要，体现了人力资本对于企业创新的重要性；有71.3%的企业家认为员工对企业的认同感会深刻影响企业创新；分别有69.4%和68.1%的企业家认为企业内部的激励措施和有创新精神的企业家是影响创新成功的重要因素；认为畅通的信息渠道、有效的技术战略或计划、充足的经费支持的企业占比均超过60%；另分别有58.4%、57.4%的企业家认为可信赖的创新合作伙伴、优惠政策的扶持对于创新成功最为重要（图1-32）。

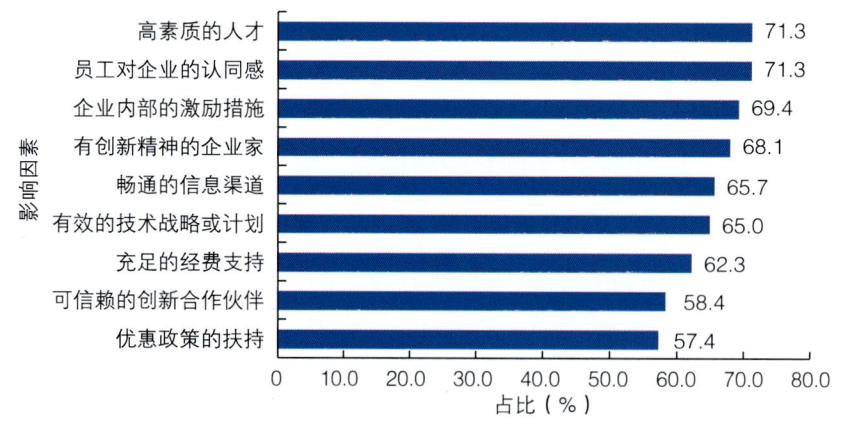

图1-32 企业家对影响创新成功的重要因素的认识

（2）近70%的企业家认为增加工资或奖金的激励创新效果明显

在开展创新活动的企业中，有68.2%的企业家认为增加工资或奖金措施激励创新效果很好；分别有 60.2%、48.8% 的企业家认为岗位调整或升职机会、培训或深造机会是非常有效的创新激励措施。另有 22.3% 的企业家表示汽车住房等物质奖励作用效果显著，有 19.5% 的企业家强调股权或期权的重要激励作用（图 1–33）。

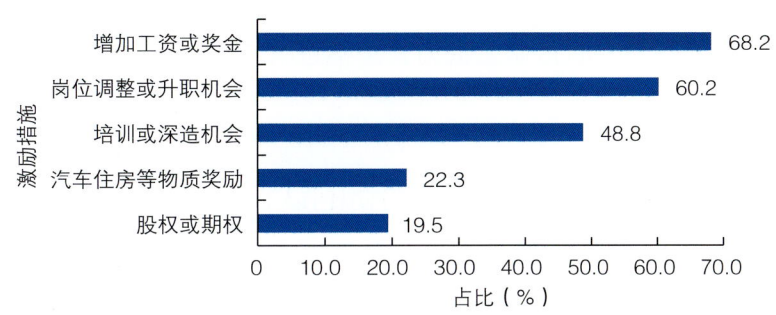

图1-33　企业家对创新激励措施的认识

（3）超过50%的企业家对知识产权政策和人才政策予以肯定

在开展创新活动的企业中，分别有 55.1%、54.2% 的企业家认为创造和保护知识产权相关政策、鼓励企业吸引和培养人才相关政策效果较明显；超过一半的企业家认为优先发展产业支持政策、研发费用加计扣除税收优惠政策、金融支持相关政策具有显著效果；超过 40% 的企业家认为高新技术企业所得税减免政策，关于推进大众创业万众创新的各项政策，企业研发活动专用仪器设备加速折旧政策，技术转让、技术开发收入免征增值税和技术转让减免所得税优惠政策具有明显效果（图 1–34）。

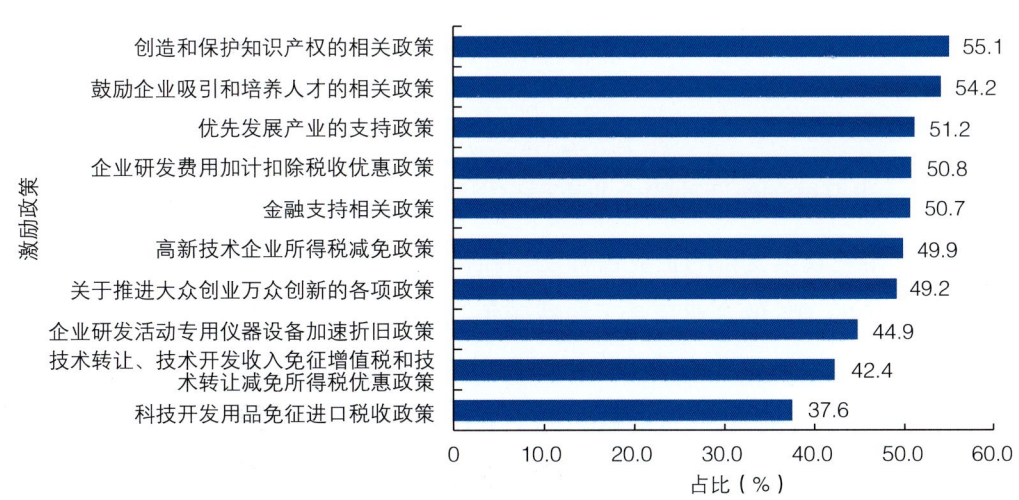

图1-34　企业家对创新政策效果的认识

相较 2015 年，2017 年调查问卷删除了"政府采购相关政策"，新增了"关于推进大众创业万众创新的各项政策"，这一定程度上体现了国家创新政策的新变化。2015 年 6 月 16 日，国务院下发了《国务院关于大力推进大众创业万众创新若干政策措施的意见》，以各项政策推进大众创业、万众创新，相关政策实施效果也在对企业家的调查中显现出来，49.2% 的企业家认为关于推进大众创业万众创新的各项政策效果明显。

（二）规模以下企业的企业家对创新的认识

1. 技术创新面临困难情况

相较规模以上企业，规模以下企业不仅面临严峻的人才短缺问题，还面临着资金不足问题。2016 年在实现技术创新的规模以下企业中，分别有 49.8% 和 49.1% 的企业面临人才短缺、资金不足问题；34.5% 的企业在创新中遇到市场环境不佳的冲击；另有 8.0% 的企业在创新中面临知识产权保护不力问题（图 1-35）。

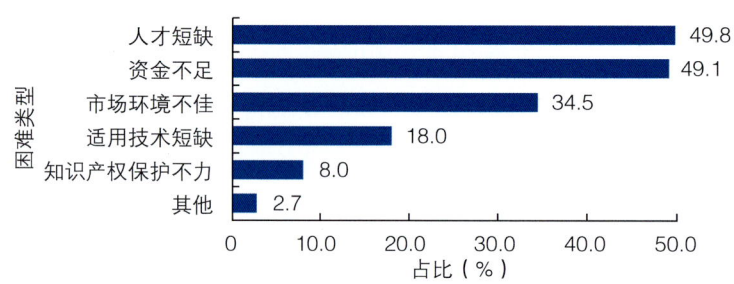

图 1-35　企业面临的各类技术创新困难

2. 创新政策情况

（1）近一半开展创新活动的企业享受了以税费减免为主的政策支持

享受创新相关政策支持的企业占开展创新活动企业的 47.2%。在享受创新相关政策的企业中，有 69.0% 的企业享受了税费减免政策，17.9% 的企业享受了平台支撑政策；分别有超过 12% 的企业享受了知识产权保护、人才保障政策；有 9.2% 的企业享受了金融服务政策；享受政府采购政策的企业占比为 4.7%（图 1-36）。整体而言，规模以下企业享受创新相关政策以税费减免为主。

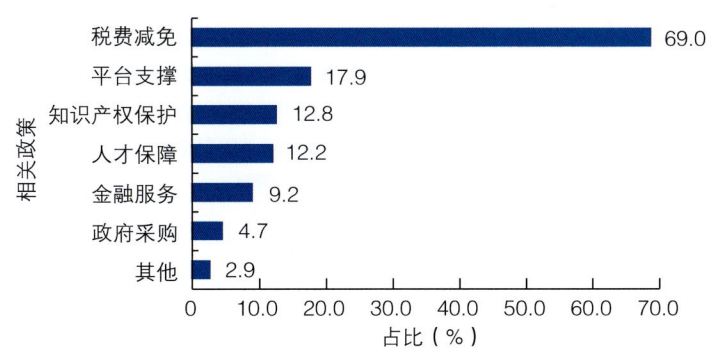

图1-36　企业享受创新政策的情况

（2）超过40%的企业家认为不知道相关政策是影响创新政策落实的主要因素

开展创新活动的企业中，有41.2%的企业家认为不知道有相关政策是影响创新政策落实的主要因素，有37.9%的企业家认为不满足享受政策的条件会对创新政策落实带来影响；另有19.9%的企业家认为政策办理手续烦琐是影响创新政策落实的主要因素；分别有14%左右的企业家认为政策吸引力不足、政策执行力度不够影响了创新政策落实（图1-37）。

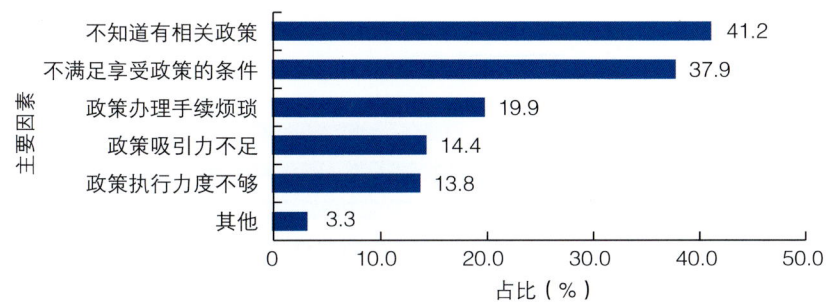

图1-37　影响创新政策落实的主要因素

3.创新成效情况

在开展创新活动的企业中，有35.9%的企业通过创新提高了产品或服务的质量，有28.4%的企业通过创新增加了产品或服务的种类；分别有27.7%、25.3%的企业通过创新提高了生产效率、降低了生产经营成本；分别有超过19%的企业通过创新增加了利润、扩大了市场份额；有16.7%的企业通过创新改善了工作条件（图1-38）。

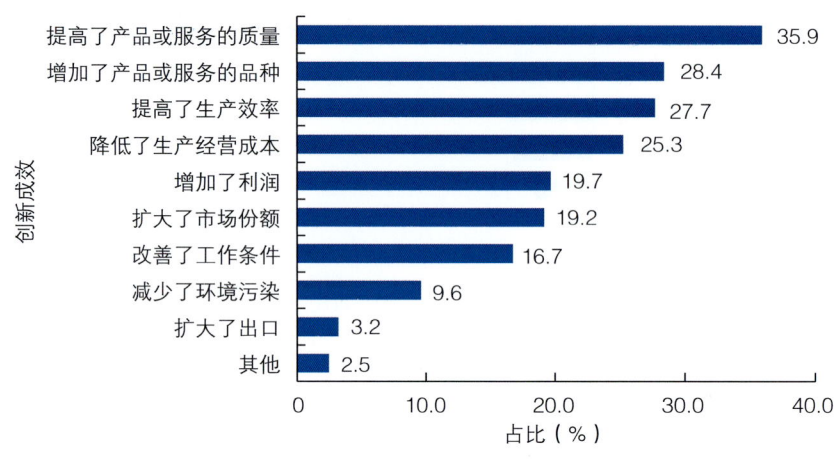

图1-38 企业创新成效情况

4.创新发展规划情况

有创新发展规划的企业占开展创新活动企业的比重为89.0%。在有创新发展规划企业中，53.1%的企业家将创新发展规划设定为拓展市场或采用新的营销手段，47.6%的企业家设定了开发新产品的创新规划；分别有31.9%、28.1%的企业家将获取新技术、引进新设备作为创新发展规划；另有14.5%的企业家以涉足新的行业或领域为创新发展规划（图1-39）。

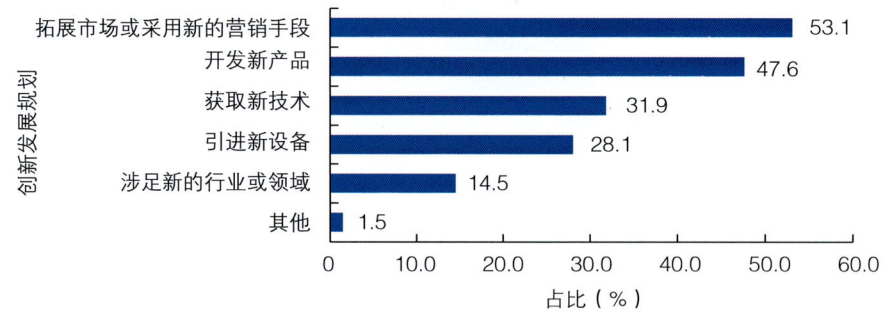

图1-39 企业创新发展规划情况

六、小结

2017年企业创新调查样本覆盖范围广泛，包括工业、建筑业及服务业企业，并将调查样本扩展至规模以下企业，依据不同行业创新的差异性，采取分设问卷调查的方法，在国家层面企业创新调查史上具有样本范围、调研内容双重扩展特征。该调查数据能够全面、系统地反映我国企业创新发展特征。基于2015年、2017年的企业创新调查数据，本报告有如下主要发现。

第一，我国企业表现出相当程度的创新活跃性，近40%的规模以上企业有创新活动。其中，实现产品或工艺创新的企业占22.0%，同时实现产品和工艺创新的企业占12.6%；超过30%的企业实现了组织创新或营销创新，近17%的企业同时实现了组织与营销创新；近8%的企业实现了全面创新。近20%的规模以下企业有创新活动并实现了创新。

第二，我国企业在创新过程中更多地体现为独立开发，合作创新程度有待强化。本企业独立开发构成规模以上企业产品创新的主导模式（占80.0%），与境内高等学校合作开发构成重要补充形式；本企业独立开发构成规模以上企业工艺创新的主导模式（占71.4%），与高等学校或境内其他企业合作构成重要补充形式；在实现技术创新的规模以下企业中，超过60%的企业技术来源于独立研发。进行内部研发（占48.9%）、获得机器设备和软件（43.2%）及开展相关培训（37.6%）构成规模以上创新企业主要的创新活动类型。

第三，企业创新合作有一定体现，但仍有潜力可挖。超过16%的规模以上企业开展了创新合作，上下游主体构成企业最为核心的合作对象，客户与供应商对企业创新具有核心价值（分别为38.4%、29.1%），高等学校及集团内其他企业在企业创新过程中亦扮演重要角色。在创新过程中，客户构成企业最为重要的信息来源（占42.4%），企业内部及竞争对手或同行业企业所提供的信息不可忽视。在开展创新合作的规模以上企业中，近40%的企业开展产学研合作，共同完成科研项目是产学研合作的主导模式。在实现技术创新的规模以下企业中，24.0%的企业有技术创新合作。在开展技术创新合作的规模以下企业中，近52%的企业选择与客户或供应商开展合作。

第四，我国企业家创新潜力大。调查显示，受访企业中近80%的企业家为男性，30~49岁年龄段的企业家构成主要群体。企业家学历以本科及大专为主体，超过八成的企业家强调创新对于企业发展的重要性。其中，超过30%的企业家认为产品创新影响最大；超过 20%的企业家认为组织及营销创新深刻影响企业发展。根据企业家对四类创新所发挥作用的认识，产品创新的重要性主要体现为提升了产品性能；工艺创新的重要性主要体现为提高了生产效率；组织创新的重要性主要体现为提升了管理效率、提高了产品质量及加快了对客户或供应商的响应速度；营销创新的重要性主要体现为开拓了新客户群体、保持或扩大了市场份额及开拓了新市场区域。超过一半的企业制定了创新战略目标，且增加创新投入、提升企业竞争力构成创新战略的主导模式。开展创新活动的规模以下企业中，有近 90%的企业制定了创新发展规划。

第五，创新人才构成企业创新能力的核心智力支撑。调查显示，近 1/4 的规模以上企业的企业家认为缺乏人才或人才流失构成最重要的创新阻碍因素；同时，在实现技术创新的规模以下企业中，有近一半的企业面临着人才短缺的问题。约 70%的企业家认为高素质人才、员工对企业的认同感、企业内部的激励措施和有创新精神的企业家是创新成功最重要的影响因素；超过 60%的企业家认为增加工资或奖金、岗位调整或升职机会构成重要的创新激励措施。

第六，政府的创新激励政策有利于推动企业创新。调查显示，我国创新政策效果明显，超过一半的规模以上企业肯定创造和保护知识产权政策、鼓励吸引和培养人才政策、优先发展产业支持政策、企业研发费用加计扣除税收优惠政策及金融支持政策的作用效果；近一半开展创新活动的规模以下企业享受了以税费减免为主的创新相关政策支持。规模以下企业中影响创新政策落实的两个主要因素分别是不知道有相关政策和不满足享受政策的条件。

第七，相较于 2015 年的创新调查数据，2017 年创新调查反映了企业创新的一些新变化。一是 2017 年除对规模以上企业进行调查外，还对规模以下企业进行了调查。结果显示，规模以下企业整体创新活跃程度低于规模以上企业，但同样提高了社会效益。例如，在开展创新活动的规模以下企业中，有 9.6%的企业通过创新减少了环境污染。二是 2017 年的调查数据显示，部分指标出现了下降，部分原因在于抽样范围有所扩大。例如，实现创新的建筑业企业占全部建筑业企业的比重有所下降，可能的原因在于 2017 年建筑业企业的调查中新增了资质等级二级建筑业，而资质等级二级建筑业的创新活跃程度低于特、一、二级总承包、专业承包建筑业企业。

历史篇 第二章

企业创新能力评价指标体系说明

一、总体说明

（一）企业创新能力界定

企业创新能力一方面体现在创新的多维度性，包括产品创新、工艺创新、组织创新及营销创新；另一方面体现在创新的全流程性，包括创新投入、创新产出及创新成果商业化三个过程。鉴于此，本报告认为企业的创新能力可以体现在如下4个方面：一是企业的创新投入能力，包括企业R&D经费与R&D人员投入，既包括投入的数量，也包括投入的质量，即高质量的R&D经费投入及人才投入结构；二是创新资源协调能力，包括与其他主体进行合作创新、从外部获得技术支持的能力，还包括与政府形成良好互动、利用政策资源的能力；三是知识产权能力，包括知识产权创造、知识产权保护、运营及将知识产权优势转化为利润优势的能力；四是创新驱动能力，包括新产品的市场开拓能力、国际市场影响力及对于经济社会的推动力。

（二）构建企业创新能力评价指标体系的基本原则

本报告在构建企业创新能力评价指标体系时，主要遵循以下3个基本原则：一是构建的指标体系能够全面、系统反映企业创新能力的变化；二是确保指标数据的权威性、完整性及统计口径的一致性，增强基础数据的连续性及可对比性，生成评价指标的基础数据均来自政府统计调查制度，采用国家或部门统计标准计算而来的统计指标；三是确保数据的公开性，生成评价指标的基础数据均来自公开出版物。

（三）企业创新能力评价指标体系构成

基于对企业创新能力基本特征的理解，并充分参考国外关于创新能力评价的相关研究成果，如经济合作与发展组织的《OECD 科学、技术和产业计分牌》、欧盟的《欧洲创新计分牌》，以及国内较有影响力的评价研究，包括《国家创新指数报告》《中国区域创新能力报告》《创新型国家进程统计监测研究报告》，本报告构造了包括创新投入能力、协同创新能力、知识产权能力和创新驱动能力 4 个一级指标、12 个二级指标和 24 个三级指标在内的企业创新能力指标体系。在三级指标的设计上，采用了相对指标与绝对指标相结合的方法，以更真实地反映企业创新能力。

二、指标体系框架

（一）创新投入能力

创新投入能力反映企业开展创新活动的意愿和投入力度，主要从创新经费投入、创新人力投入及研发机构设置情况 3 个方面来反映，包括 3 个二级指标和 6 个三级指标。

其中，创新经费包括创新经费投入、R&D 经费支出占主营业务收入比重 2 个指标，分别反映创新经费投入总量及创新经费中核心构成的 R&D 投入比重 2 个方面。创新人力包括 R&D 人员占就业人员比重、企业 R&D 人员中硕士博士学历人员比重 2 个指标，分别反映 R&D 人员占比及其学历结构 2 个方面。研发机构包括有研究机构的企业占工业企业的比重、研发机构 R&D 经费投入占企业 R&D 经费的比重 2 个指标，分别反映研发机构设置比例、研发机构的实际经费支出情况 2 个方面。

（二）协同创新能力

协同创新能力反映企业在利用外部创新资源、开展合作创新方面的能力，主要从创新合作、创新资源整合、创新政策利用 3 个方面来反映，包括 3 个二级指标和 6 个三级指标。

其中，创新合作包括创新合作企业占全部企业比重、企业 R&D 经费外部支出中高校和研究机构所占比重 2 个指标，分别反映创新合作企业的比例、创新合作的实际经费支出情况 2 个方面；创新资源整合包括购买国内技术经费支出与引进技术经费支出的比值、消化吸收经费支出与引进技术支出的比值 2 个指标，分别反映国内技术供应能力、企业技术消化能力 2 个方面；创新政策利用包括使用来自政府部门的科技活动资金、研发费用加计扣除减免税 2 个指标。政府科技资金支持与研发费用加计扣除是目前我国最为重要的两项激励企业创新的政策工具，企业从这两个政策中获得的资金支持能够在很大程度上反映企业利用创新政策的能力。

（三）知识产权能力

知识产权能力反映企业在知识产权创造、运用和保护方面的表现，主要从知识产权创造、知识产权保护及知识产权运用 3 个方面来反映，包括 3 个二级指标和 6 个三级指标。

其中，知识产权创造包括每亿元 R&D 经费投入的专利申请量、企业发明专利申请量占专利申请量的比重 2 个指标，分别反映知识产权产出效率及产出质量 2 个方面；知识产权保护包括采取知识产权保护或相关措施的企业占全部企业的比重、万名企业就业人员商标拥有量 2 个指标，分别反映企业的知识产权保护意识及商标保护水平 2 个方面；知识产权运用包括万名企业就业人员有效发明专利量、专利所有权转让及许可收入 2 个指标，分别反映企业知识产权维持、利用并转化为经济收益的水平 2 个方面。

（四）创新驱动能力

创新驱动能力反映企业在创新价值实现、增强市场竞争力和推动经济发展方式转变方面的表现，主要从创新价值实现、市场影响力、经济社会发展 3 个方面来反映，包括 3 个二级指标和 6 个三级指标。

其中，创新价值实现包括新产品销售收入占主营业务收入比重、新产品出口占新产品销售收入比重 2 个指标，主要反映新产品销售密度、新产品出口密度 2 个方面；市场影响力包括进入国家阶段的 PCT 国际发明专利申请数、境外注册商标数 2 个指标，分别反映专利及商标在国际市场拓展过程中的作用；经济社会发展包括劳动生产率、综合能耗产出率 2 个指标，旨在反映劳动生产效率及绿色生产水平。指标体系框架如表 2-1 所示。

表2-1　指标体系框架

一级指标	二级指标	三级指标
创新投入能力	1　创新经费	1.1　创新经费投入
		1.2　R&D 经费支出占主营业务收入比重
	2　创新人力	2.1　R&D 人员占就业人员比重
		2.2　企业 R&D 人员中硕士博士学历人员比重
	3　研发机构	3.1　有研发机构的企业占工业企业的比重
		3.2　研发机构 R&D 经费投入占企业 R&D 经费的比重
协同创新能力	4　创新合作	4.1　创新合作企业占全部企业比重
		4.2　企业 R&D 经费外部支出中高校和研究机构所占比重
	5　创新资源整合	5.1　购买国内技术经费支出与引进技术经费支出的比值
		5.2　消化吸收经费支出与引进技术经费支出的比值
	6　创新政策利用	6.1　使用来自政府部门的科技活动资金
		6.2　研发费用加计扣除减免税
知识产权能力	7　知识产权创造	7.1　每亿元 R&D 经费投入的专利申请量
		7.2　企业发明专利申请量占专利申请量的比重
	8　知识产权保护	8.1　采取知识产权保护或相关措施的企业占全部企业的比重
		8.2　万名企业就业人员商标拥有量
	9　知识产权运用	9.1　万名企业就业人员有效发明专利量
		9.2　专利所有权转让及许可收入
创新驱动能力	10　创新价值实现	10.1　新产品销售收入占主营业务收入比重
		10.2　新产品出口占新产品销售收入比重
	11　市场影响力	11.1　进入国家阶段的 PCT 国际发明专利申请数
		11.2　境外注册商标数
	12　经济社会发展	12.1　劳动生产率
		12.2　综合能耗产出率

三、具体指标说明

（一）创新经费

1.创新经费投入

该指标反映创新经费投入水平。创新经费投入包括R&D经费内部支出、R&D经费外部支出、获得机器设备和软件经费支出、从外部获取相关技术经费支出。由于无法得到获得机器设备和软件经费支出的年度数据，本报告的创新经费投入包括R&D经费内部支出、R&D经费外部支出、引进技术经费支出及购买国内技术经费支出。数据来源于《工业企业科技活动统计年鉴》。

2.R&D经费支出占主营业务收入比重

该指标反映企业R&D经费支出强度。计算方法为企业R&D经费内部支出／工业企业主营业务收入。其中，R&D经费内部支出指调查单位在报告年度用于内部开展R&D活动的实际支出，包括用于R&D项目（课题）活动的直接支出，以及间接用于R&D活动的管理费、服务费、与R&D有关的基本建设支出及外协加工费等。数据来源于《工业企业科技活动统计年鉴》。

（二）创新人力

1.R&D人员占就业人员比重

该指标反映R&D人员投入强度。计算方法为企业R&D人员数／企业就业人员数。其中，R&D人员指报告期企业内部从事R&D活动的人员，包括直接参加R&D项目活动的人员、R&D项目管理人员，以及为R&D活动提供资料文献、材料、设备维护等直接服务的人员；就业人员采用工业企业平均用工人数。R&D人员数来自《工业企业科技活动统计年鉴》，就业人员数来自《中国工业统计年鉴》。

2.企业R&D人员中硕士博士学历人员比重

该指标反映R&D人员的学历结构，其中，研究生包括博士、硕士毕业生。数据来源于《中国科技统计年鉴》。

（三）研发机构

1.有研发机构的企业占工业企业的比重

该指标反映企业研发机构的设置情况。计算方法为有研发机构的企业数／工业企业数。企业办研发机构是指企业自办或与外单位合办、在管理上同生产系统相对独立（或者单独核算）的专门研究开发机构。有研发机构的企业数能够反映企业R&D活动的组织载体情况。数据来源于《工业企业科技活动统计年鉴》。

2.研发机构R&D经费投入占企业R&D经费支出的比重

该指标反映研发机构的经费投入水平。计算方法为研发机构R&D经费投入／企业R&D经费内部支出。其中，研发机构R&D经费投入指报告期企业办研发机构用于内部开展研发活动实际支出的总费用，包括机构人员劳务费（含工资）支出、机构业务费支出、管理支出、固定资产购建支出及其他维持机构正常工作的日常费用等的支出总和。数据来源于《工业企业科技活动统计年鉴》。

（四）创新合作

1.创新合作企业占全部企业比重

该指标反映企业开展创新合作的活跃程度。创新合作是指企业与其他企业或机构共同开展产品或工艺创新活动，不包括纯外包项目。其反映企业创新活动的开放性。数据来源于《全国企业创新调查统计资料》。

2.企业R&D经费外部支出中高校和研究机构所占比重

该指标反映企业与高校、科研院所的合作水平。其中，R&D经费外部支出指报告期企业委托外单位或与外单位合作进行R&D活动而拨给对方的经费。R&D经费外部支出反映企业利用外部知识的能力。数据来源于《工业企业科技活动统计年鉴》。

（五）创新资源整合

1.购买国内技术经费支出与引进技术经费支出的比值

该指标反映国内企业的技术供应能力。其中，购买国内技术经费支出指企业在报告期购买国内其他单位科技成果的经费支出，包括购买产品设计、工艺流程、图纸、配方、专利、技术诀窍及关键设备的费用支出。引进技术经费支出指企业在报告期用于购买境外技术的费用支出，包括产品设计、工艺流程、图纸、配方、专利等技术资料的费用支出，以及购买关键设备、仪器、样机和样件等的费用支出。数据来源于《工业企业科技活动统计年鉴》。

2.消化吸收经费支出与引进技术经费支出的比值

该指标反映企业的技术消化能力。其中，消化吸收经费支出指为掌握、应用、复制引进技术而开展工作，以及在此基础上进行创新的经费支出。消化吸收经费支出包括人员培训费、测绘费、参加消化吸收人员的工资、工装、工艺开发费、必备的配套设备费、翻版费等。数据来源于《工业企业科技活动统计年鉴》。

（六）创新政策利用

1.使用来自政府部门的科技活动资金

该指标反映企业获得政府科技资金支持的能力。其中，使用来自政府部门的科技活动资金指企业在报告期使用的从政府有关部门得到的科技活动资金，包括纳入国家计划的中间试验费等。数据来源于《工业企业科技活动统计年鉴》。

2.研发费用加计扣除减免税量

该指标反映企业获得税收优惠政策支持的能力。其中，研发费用加计扣除减免税指企业按有关政策和税法规定税前加计扣除的研究开发活动费用所得税。数据来源于《工业企业科技活动统计年鉴》。

（七）知识产权创造

1.每亿元R&D经费投入的专利申请量

该指标反映企业的知识产权生产效率。其中，R&D 经费指 R&D 经费内部支出。专利是专利权的简称，是发明创造经审查合格后，由国务院专利行政部门依据专利法授予申请人对该项发明创造享有的专有权。在我国，专利包括发明、实用新型和外观设计 3 种。数据来源于《工业企业科技活动统计年鉴》。

2.企业发明专利申请量占专利申请量的比重

该指标反映企业专利的质量水平。其中，发明专利是指对产品、方法或者其改进所提出的新的技术方案。发明专利的平均质量较实用新型、外观设计要高。数据来源于《工业企业科技活动统计年鉴》。

（八）知识产权保护

1.采取知识产权保护或相关措施的企业占全部企业的比重

该指标反映企业的知识产权保护水平。采取知识产权保护或相关措施主要包括申请发明专利、申请实用新型或外观设计专利、申请注册商标、进行版权登记、形成国家或行业技术标准、对技术秘密进行内部保护、应用难以复制的复杂技术、发挥时间上的先发优势。数据来源于《企业创新调查统计资料》。

2.万名企业就业人员商标拥有量

该指标反映企业的商标保护水平。商标拥有量指企业在报告期末拥有的注册商标件数，包括在境内和境外注册的商标件数。商标拥有量数据来自《工业企业科技活动统计年鉴》，就业人员数来自《中国工业统计年鉴》。

（九）知识产权运用

1.万名企业就业人员有效发明专利量

该指标反映企业的专利维持水平。其中，有效发明专利数指报告期末企业作为专利权人在报告期拥有的、经国内外知识产权行政部门授权且在有效期内的发明专利件数。有效发明专利数据来自《工业企业科技活动统计年鉴》，就业人员数来自《中国工业统计年鉴》。

2.专利所有权转让及许可收入

该指标反映企业基于知识产权的获利能力。其中，专利所有权转让与许可收入指报告年度调查单位向外单位转让专利所有权或允许专利技术由被许可单位使用而得到的收入，包括当年从被转让方或被许可方得到的一次性付款和分期付款收入，以及利润分成、股息收入等。数据来源于《工业企业科技活动统计年鉴》。

（十）创新价值实现

1.新产品销售收入占主营业务收入比重

该指标反映企业新产品的产出及利润实现能力。其中，新产品销售收入指企业销售新产品实现的收入总额。在填报不同新颖度新产品销售份额时，为了避免重复统计，按产品新颖度的最高档次填报。例如，某一项产品既是国际市场新产品，又是国内市场新产品时，只将该产品计入国际市场新产品份额。主营业务收入指企业在销售商品、提供劳务等日常活动中所产生的收入总额。数据来源于《工业企业科技活动统计年鉴》。

2.新产品出口占新产品销售收入比重

该指标反映企业新产品的国际影响力。其中，新产品出口收入指工业企业在报告期内将新产品出售给外贸部门用于出口和直接出售给外商所实现的销售收入。数据来源于《工业企业科技活动统计年鉴》。

（十一）市场影响力

1.进入国家阶段的PCT国际发明专利申请数

该指标反映我国主体专利申请的国际影响力。其中，PCT是专利合作条约的简称，其设立旨在方便申请人在国际上寻求对其发明的国际专利保护，帮助专利局做出专利授予决定，便利公众查阅这些发明中涉及的丰富技术信息。通过PCT提交一件国际专利申请，申请人可以同时在全世界148个国家寻求对其发明的保护。PCT体系只是一个申请系统，不进入国家阶段就不能获得专利权，进入国家阶段后，还需要接受初步审查、国家公布、实质审查、授权公告等环节。数据来源于世界知识产权组织（WIPO）。

2.境外注册商标数

该指标反映我国主体商标申请的国际影响力。境外注册商标数指企业在报告期末拥有的在国外或港澳台注册的商标件数。数据来源于《工业企业科技活动统计年鉴》。

（十二）经济社会发展

1.劳动生产率

该指标反映生产效率水平。计算方法为国内生产总值／就业人员数。数据来源于《中国统计年鉴》。

2.综合能耗产出率

该指标反映生产的绿色、低能耗程度。计算方法为国内生产总值／能耗消费总量。数据来源于《中国统计年鉴》。

第三章 历史篇

我国企业创新能力动态评价分析

基于构建的评价指标体系,本章对我国企业创新能力进行动态评价。首先,介绍企业创新能力总指数的构造;其次,考察我国企业创新能力总体情况;进而分析企业在创新投入能力、协同创新能力、知识产权能力及创新驱动能力4个方面所呈现的主要特征。

一、企业创新能力指数的构建

企业创新能力指数是企业在创新投入能力、协同创新能力、知识产权能力及创新驱动能力4个方面信息的系统集成。在权重选择方面,为了避免权重设定的主观性,并参照国内外一些成熟创新指数报告的做法,本章采用等权重方法构造整体指数。为了能够充分体现企业在各个维度创新方面的动态变化,本报告以某一年为基准,计算以后各年的相对创新表现。考虑到2011年大部分关于企业创新的指标在统计口径上较之前发生了变化,即由之前的大中型企业转向规模以上工业企业,鉴于数据的可比性,报告以2011年的数据为基期(指数为100)。

二、企业创新能力总体评价

2016年企业创新能力指数相较于2011年增长了48.6%。从总体来看,2011—2016年企业创新能力呈不断增强之势,其中2012年和2016年提升程度较大,企业创新能力指数增长率相较前一年均超过了10%(图3-1)。

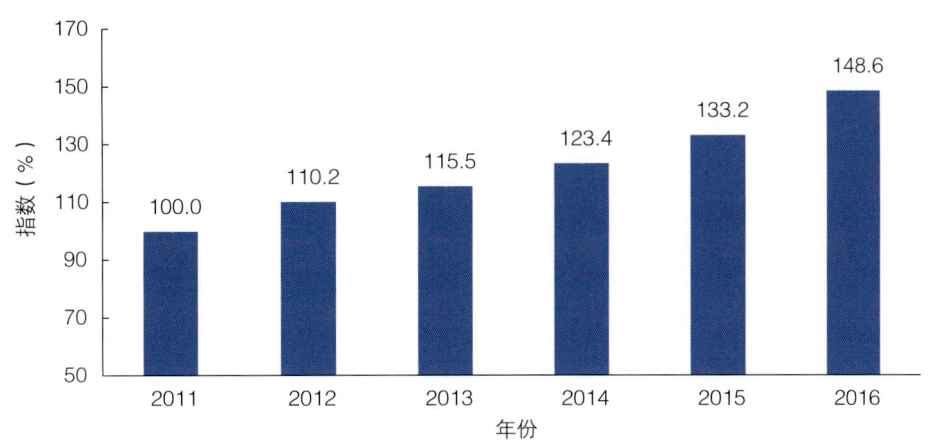

图3-1 企业创新能力总指数（2011—2016年）

从总体来看，企业各个维度的创新能力均有所提升，但提升步伐不一（图3-2）。截至2016年，知识产权能力指数提升幅度最大，较2011年增长了77.9%；其次为创新驱动能力指数，较2011年增长了58.4%；创新投入能力指数及协同创新能力指数位居第三、第四，较2011年分别增长了47.9%及10.2%。

从2011—2016年的创新能力提升过程来看，创新投入能力指数在早期增长迅猛，2012年较2011年增长了17.0%，2013年、2014年增长速度趋于平缓，2014年之后增长速度逐渐回升；知识产权能力指数自2012年就保持着稳定的上升趋势，并在2014年实现增长领跑，2015年增长速度进一步加快；创新驱动能力指数保持稳定的上升趋势，2015年赶超创新投入能力指数，2016年进一步拉大与创新投入能力指数的差距。相较而言，协同创新能力指数增长较为缓慢，2012—2016年每年相对于2011年增长率均维持在10%左右。

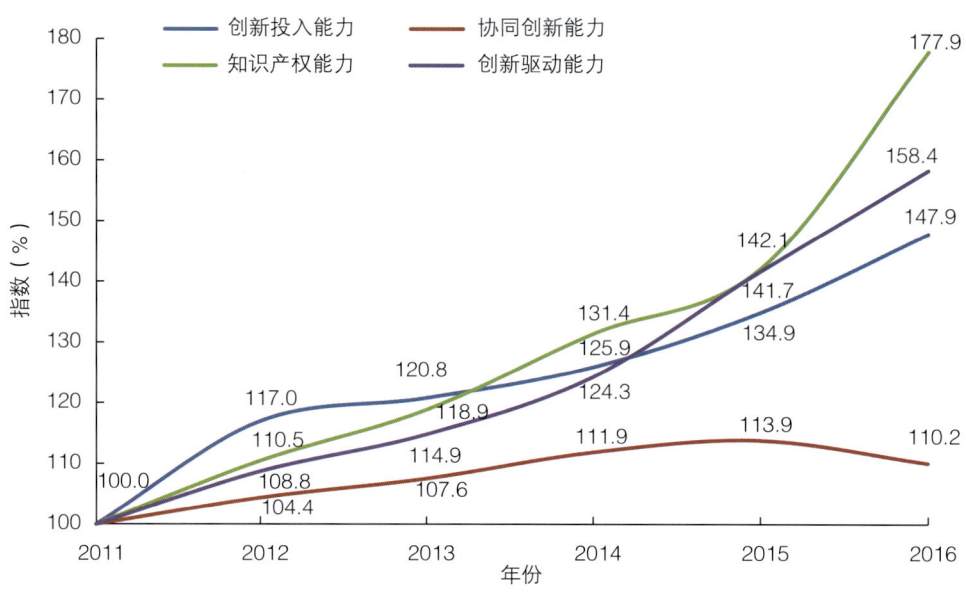

图3-2 企业创新能力分项指标指数（2011—2016年）

三、企业创新能力分项指标评价

（一）创新投入能力

2016年企业创新经费及研发机构指标较2011年增长幅度均超过50%，创新人力投入较2011年增长32.7%。创新经费呈稳步增长趋势，相较于2011年逐年增长10%左右；研发机构在2012年实现一定程度的飞跃，其后两年基本保持不变，2015年、2016年增长速度逐渐加快，2016年该指标相较于2011年的增长幅度超过创新经费指数增长幅度，达到57.4%；创新人力的变化情况和研发机构基本类似，2012年增长较为明显，其后两年基本不变，2014年之后增长速度逐渐加快，与企业创新经费指标的增长趋势基本一致（图3-3）。

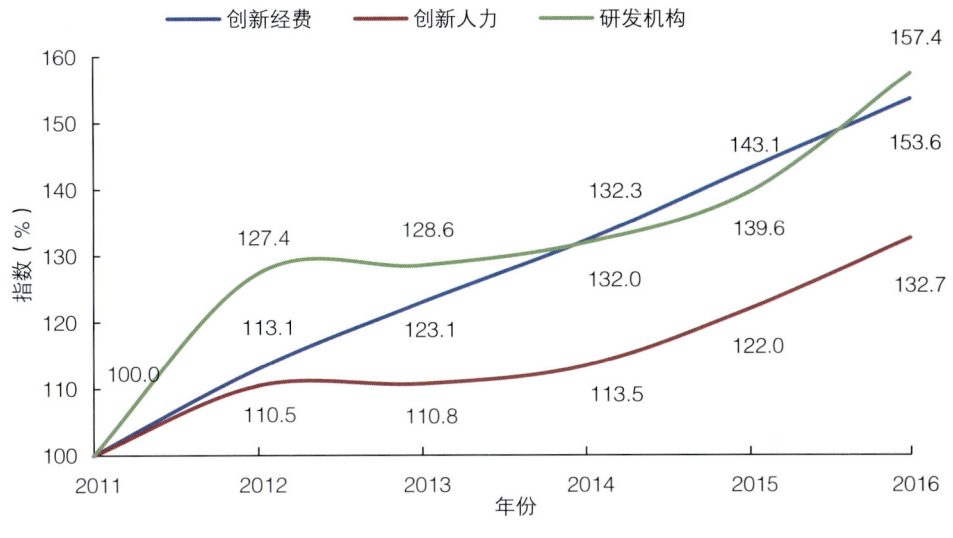

图3-3 企业创新投入能力情况（2011—2016年）

1.创新经费投入迅速增长，R&D经费逐年增长但投入强度仍低于1%

创新经费投入呈逐年上升趋势，从2011年的0.7万亿元上升到2016年的1.2万亿元，增长了74.3%。充足的创新经费总量投入，将为后期的创新成果实现提供坚实的基础（图3-4）。

图3-4 企业创新经费投入情况（2011—2016年）

尽管创新经费总数庞大，但由于我国经济体量较大，R&D 经费的投入强度还有待提升。我国企业 2011—2016 年 R&D 经费支出占主营业务收入比重依次为 0.7%、0.8%、0.8%、0.8%、0.9%、0.9%。

2.企业R&D人员比重平稳增长，研究生占比维持在10%左右

我国企业 R&D 人员占就业人员比重呈逐年上升趋势，由 2011 年的 2.8% 上升到 2016 年的 4.1%；R&D 人员中硕士博士学历人员比重呈波动上升的趋势，2016 年企业 R&D 人员中硕士博士学历人员比重达到 10.7%（图 3-5）。

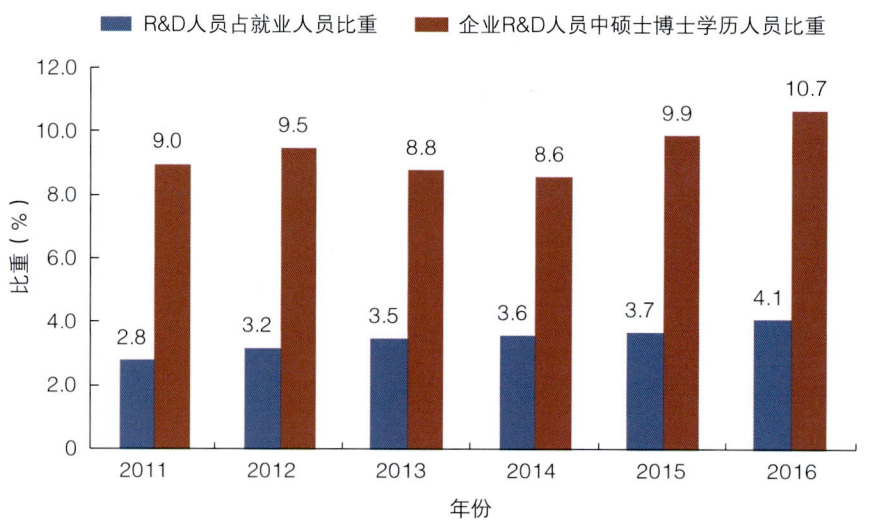

图3-5　企业R&D人员投入情况（2011—2016年）

3.有研发机构的企业占比不断上升，研发机构经费投入占比基本维持在70%

2011 年只有 7.8% 的企业拥有研发机构，这一比例到 2016 年上升至 16.3%；研发机构 R&D 经费投入占企业 R&D 经费支出的比重基本维持在 70.0% 左右（图 3-6）。

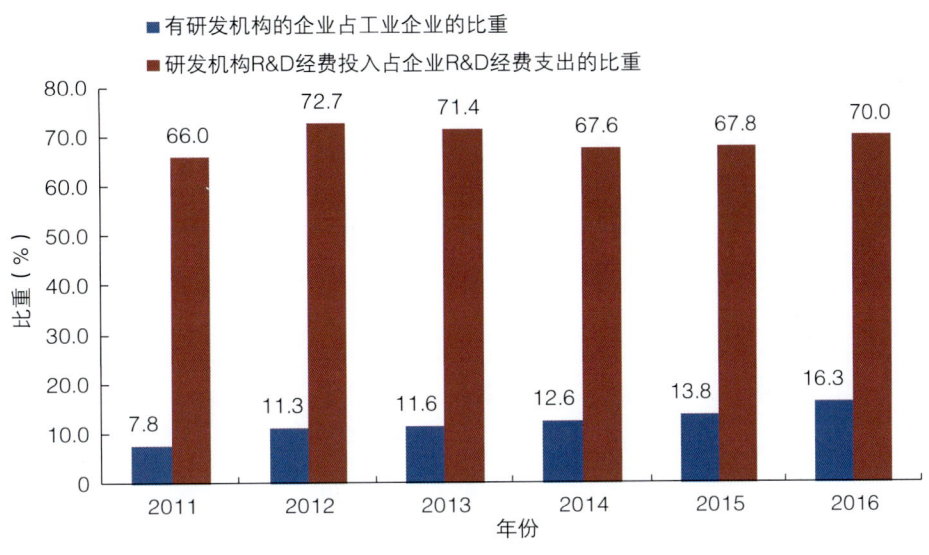

图3-6 企业研发机构设立情况（2011—2016年）

（二）协同创新能力

企业创新政策利用能力指数展现出不断增强之势，2016年相较于2011年增长了66.4%。企业创新合作能力指数在2014年之前有轻微下降，2016年为2011年的94.0%；创新资源整合能力指数在2012—2016年有所下降，2016年为2011年的70.1%。这表明我国企业在协同创新方面具有非同步性，创新合作开展能力及外部创新资源整合能力有待提升（图3-7）。

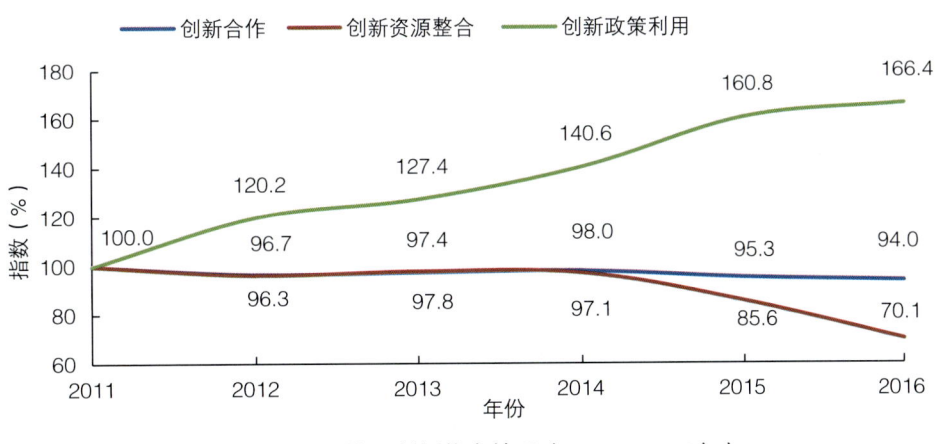

图3-7 企业协同创新能力情况（2011—2016年）

1.企业外部研发经费支出中高校与研究机构所占比重维持在60%左右

我国企业外部研发经费支出中高校与研究机构所占比重近两年来呈平缓下降趋势。2011年企业R&D经费外部支出中高校和研究机构所占比重为62.5%，2012年为60.4%，2013年和2014年上升到60.9%和61.2%，2015年和2016年基本维持在59%左右（图3-8）。

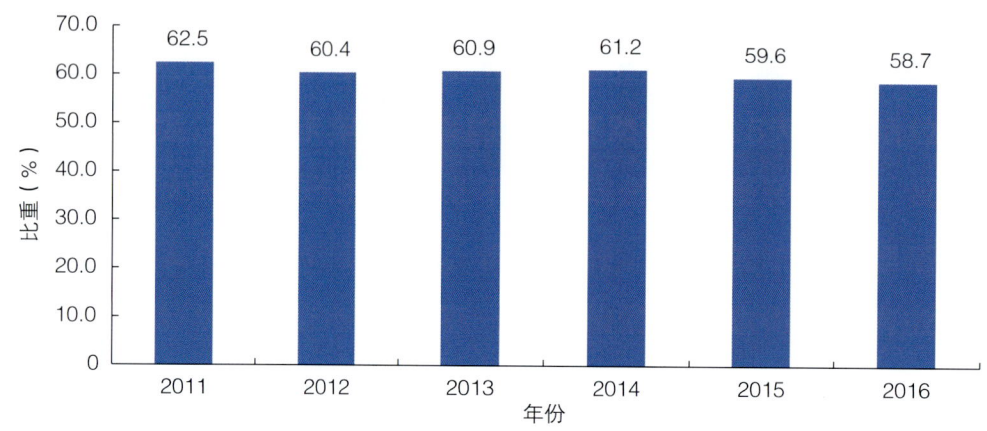

图3-8　企业R&D经费外部支出中高校和研究机构所占比重（2011—2016年）

2.企业购买国内外技术的经费平稳波动，消化吸收经费持续下降

2011—2015年，企业购买国内技术经费支出与引进技术经费支出的比值呈上升趋势，从49.1%提高到55.5%，2016年出现了较明显的下降，为43.8%。与之相反，企业消化吸收经费支出与引进技术经费支出的比值在2011—2016年持续下降，从45.0%降至23.0%（图3-9）。从企业购买国外和国内技术的经费看，两者均呈现平稳波动的态势。引进国外技术经费支出从2011年的449.0亿元持续下降至2014年的387.5亿元，而后又持续上升到2016年的475.4亿元。购买国内技术经费支出自2009年以来，一直在200～220亿元波动。与之形成对照的是，消化吸收经费支出从2011年的201.2亿元持续下降到2016年的109.2亿元。

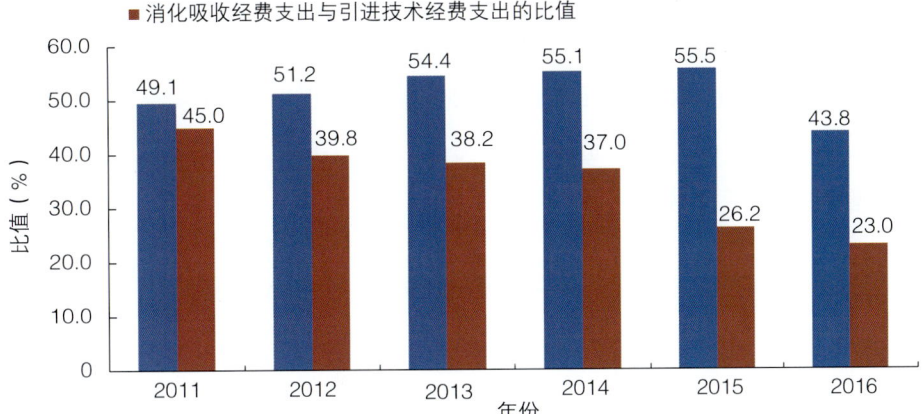

图3-9　企业创新资源整合情况（2011—2016年）

3.企业获得政府科技活动资金、研发费用加计扣除减免税呈上升趋势

2011—2015年，企业从政府获得的科技活动资金呈上升趋势，2011年企业获得的政府科技活动资金为374.2亿元，2015年增长到537.3亿元，2016年略有下降，但较2011年仍增长了39.1%。2011年企业研发费用加计扣除减免税为252.4亿元，2016年增长至489.1亿元，增长了93.8%。这表明，一方面我国政府为激励企业创新，在科技资金投入及减税方面做了许多工作，成效显著；另一方面企业运用创新政策支持的能力不断增强（图3-10）。

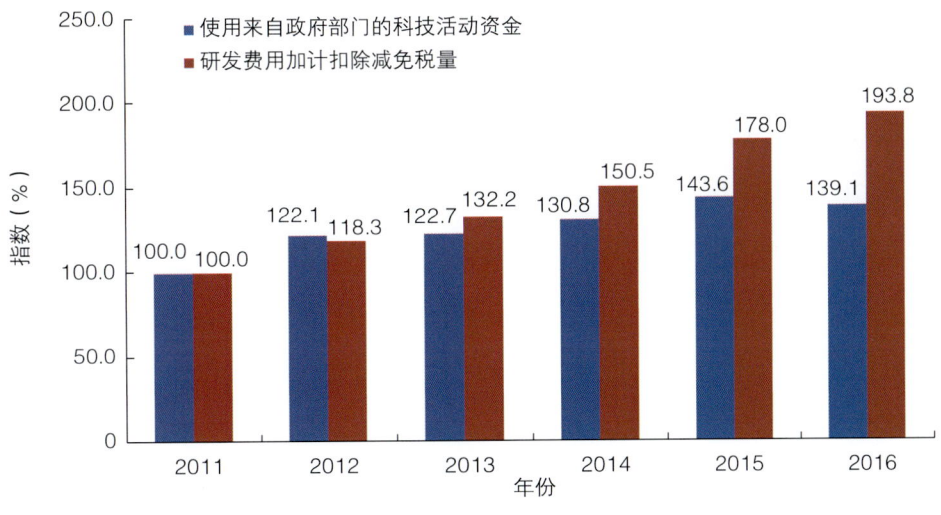

图3-10　企业创新政策利用情况（2011—2016年）

(三)知识产权能力

我国企业知识产权运用能力在2011—2016年提升迅速,2016年较2011年提升了130.7%。企业知识产权保护能力亦有较大幅度的提升,2016年较2011年增长了94.8%。相反,企业知识产权创造能力增长平缓,2016年较2011年仅增长8.3%,表明知识产权创造遇到了瓶颈期(图3-11)。

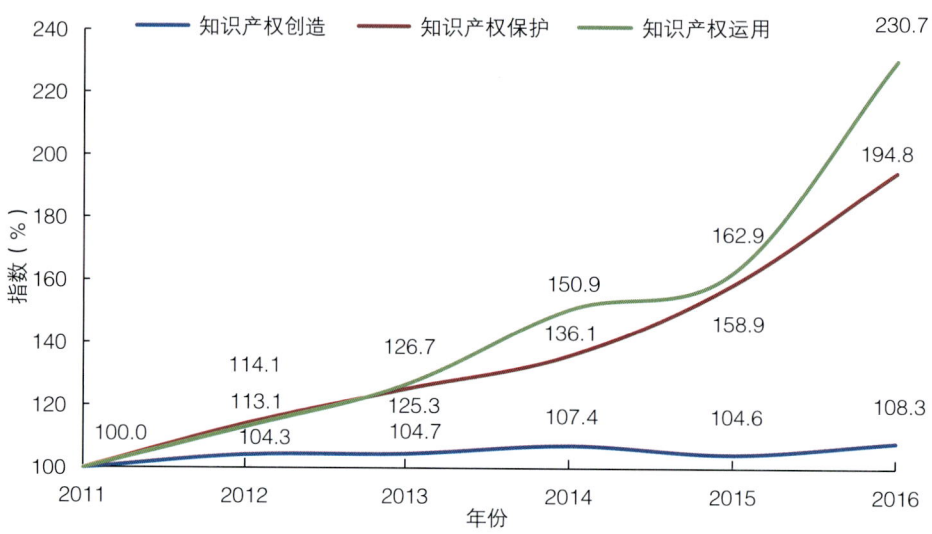

图3-11 企业知识产权能力情况(2011—2016年)

1.每亿元R&D经费投入产生专利数约66件,发明专利占比逐年上升

我国企业每亿元R&D经费投入产生的专利申请量在66件左右,2011—2016年存在小幅波动。其中,2011年为64件,2012—2014年上升到68件左右,2015年及2016年维持在65件左右。与此同时,我国企业专利结构呈不断改善态势。企业发明专利占比由2011年的34.9%上升到2016年的40.2%。发明专利占比的不断提升,在一定程度上表明我国企业专利质量在不断提高(图3-12)。

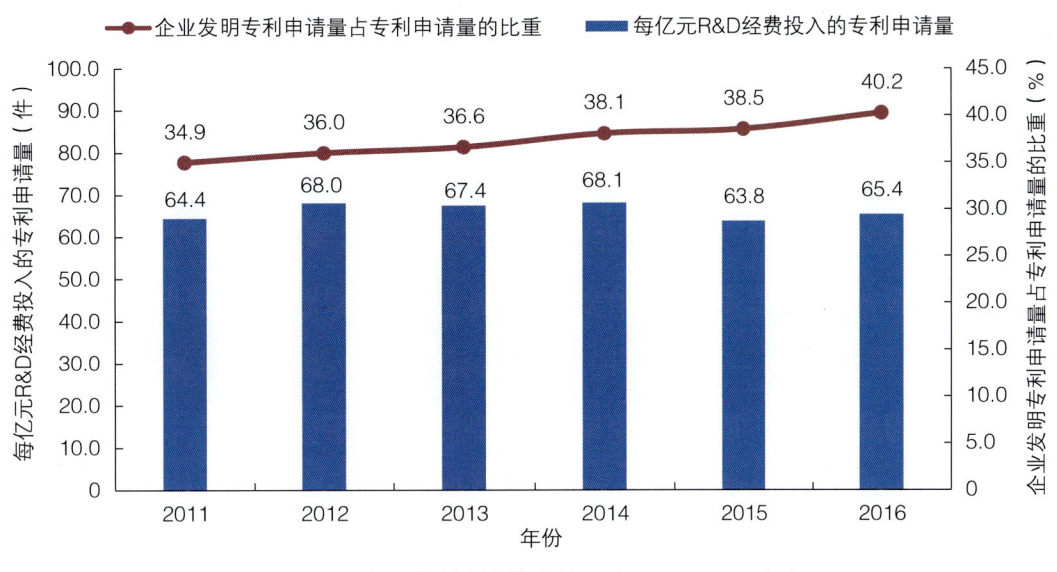

图3-12 企业专利申请能力情况（2011—2016年）

2.人均有效发明专利、商标拥有量逐年增长

2016年，万名企业就业人员有效发明专利量达到了81.3件，相对于2011年的21.9件增长了270.4%；万名企业就业人员商标拥有量也直线上升，由2011年的27.9件上升至2016年的54.3件。对比两类知识产权拥有量可以发现，有效发明专利的发展更为迅猛，2013年万名企业就业人员有效发明专利量和万名企业就业人员商标拥有量相差无几，分别为34.3件和34.9件，2014年前者实现了对后者的赶超，增长到45.0件，而后者为37.9件；2016年万名企业就业人员有效发明专利量为81.3件，万名企业就业人员商标拥有量为54.3件，两者差距进一步加大。知识产权申请的迅速增加充分表明我国企业知识产权意识显著增强（图3-13）。

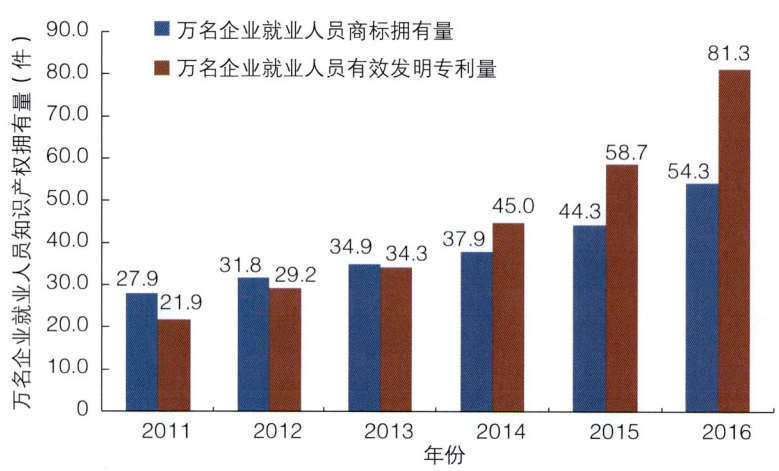

图3-13 万名企业就业人员知识产权拥有量情况（2011—2016年）

3.专利市场活跃程度呈现波动性

2011年，我国企业专利所有权转让及许可收入为49.1亿元，2012年较上一年下降了7.0%，2015年下滑到2011年的58.2%，2016年略有回升（图3-14）。

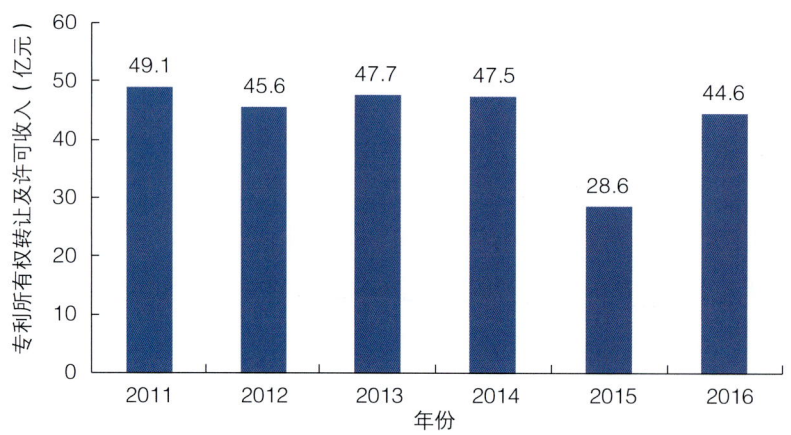

图3-14 企业专利所有权转让及许可收入情况（2011—2016年）

（四）创新驱动能力

1.市场影响力、对经济社会发展的辐射力增强明显

市场影响力的扩大在很大程度上支撑了企业创新驱动能力的提升。2011—2014年市场影响力保持着每年超过10%的增长速度，2015年之后增长更为明显，2016年市场影响力相对于2011年增长了121.5%。经济社会发展指标增长稳定，2016年较2011年增长了43.8%。相较而言，创新价值实现的增长速度缓慢，2016年相较于2011年仅增长9.8%（图3-15）。

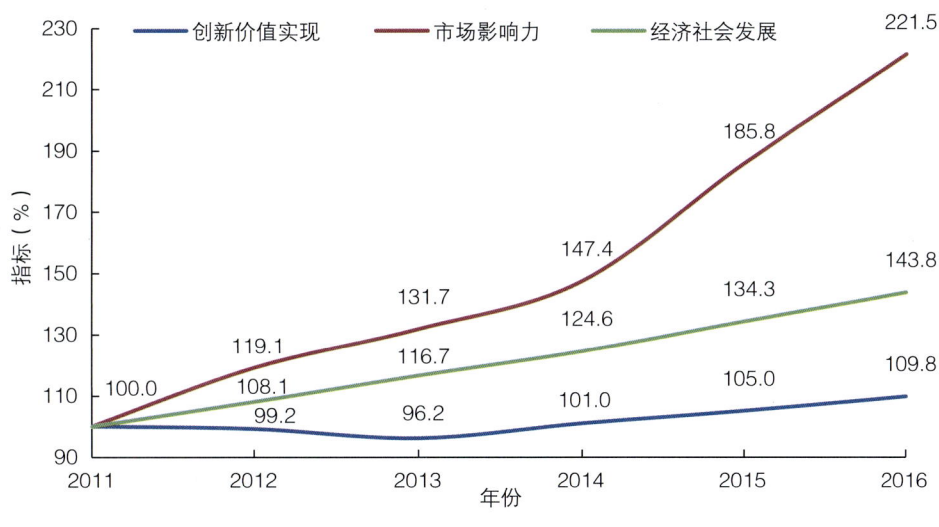

图3-15 企业创新驱动能力情况（2011—2016年）

2.企业新产品产值及新产品出口占比基本平稳

我国企业新产品销售收入占主营业务收入比重在2011—2016年平缓上升，2016年达到15.1%；新产品出口占新产品销售收入比重则有升有降，2011年达到最高值20.1%，2016年为18.7%，低于2011年的水平（图3-16）。

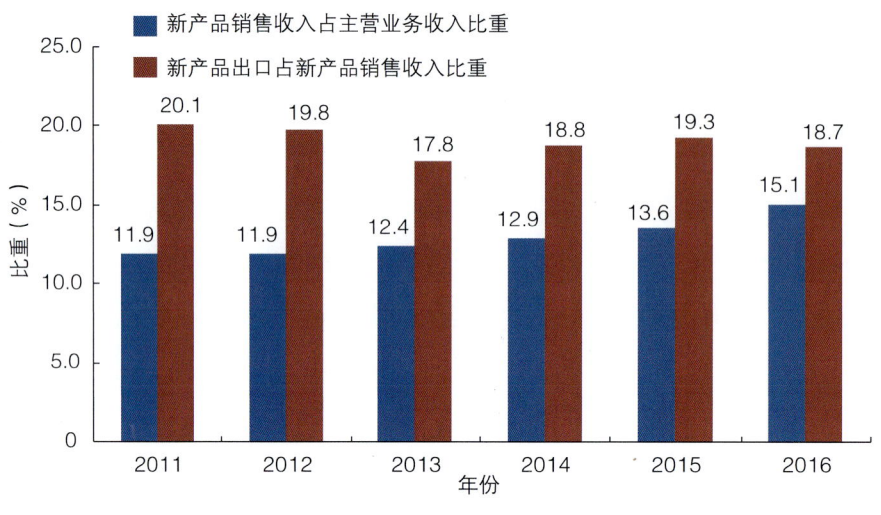

图3-16 企业新产品产出情况（2011—2016年）

3.基于知识产权的国际市场影响力不断增强

2011—2016年，我国企业PCT国际发明专利申请及境外注册商标申请均呈现不断增长之势，其中PCT国际发明专利申请增长尤为明显。2011年我国进入国家阶段的PCT国际发明专利申请数达到1.3万件，2016年增长至3.5万件，相较2011年增长了164.6%；2011年我国企业境外注册商标数为4.6万件，2016年升至8.2万件，相较2011年增长了78.4%。国际专利、商标申请的平稳增长，势必会增强我国企业的国际市场影响力（图3-17）。

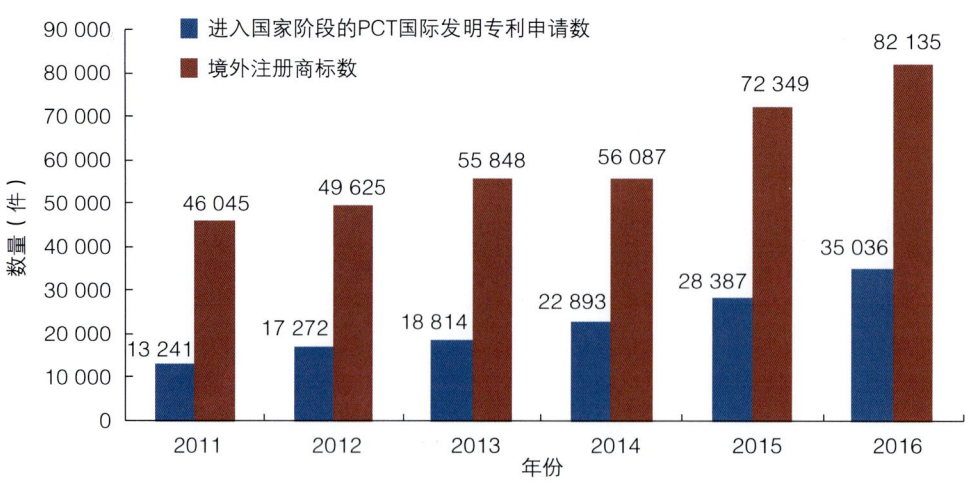

图3-17 企业PCT申请和商标注册情况（2011—2016年）

4.劳动生产率、综合能耗产出率呈不断增长之势

我国劳动生产率在 2011—2016 年呈现出不断增长趋势。2011 年的劳动生产率为 6.3 万元／人，2016 年提升到 9.6 万元／人，增长了 51.3%；其间综合能耗产出率也不断增加，从 2011 年的 1.3 万元／吨标准煤上升到 2016 年的 1.7 万元／吨标准煤，增长了 36.4%。这在一定程度上表明，企业创新成果的运用正深入渗透到经济社会发展各个领域，促使经济社会效率提升（图 3-18）。

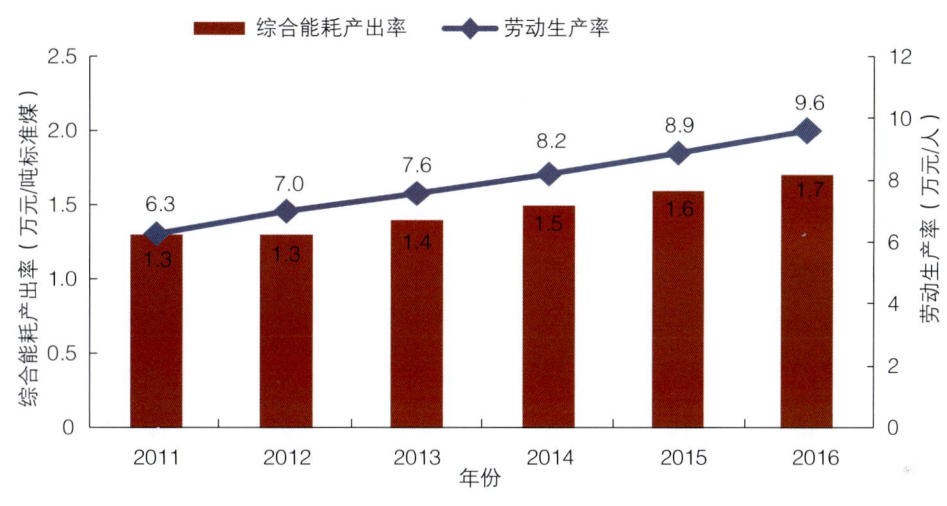

图3-18 我国综合能耗产出率及劳动生产率情况（2011—2016年）

四、小结

本章基于企业创新能力指数对我国企业创新能力进行动态评价，并进一步从创新投入能力、协同创新能力、知识产权能力及创新驱动能力 4 个维度对创新能力进行剖析，得到如下结论。

第一，我国企业总体创新能力稳步增长，2016 年较 2011 年增长了 48.6%。从创新能力的 4 个维度看，在 2013 年之前创新投入能力处于领跑地位，2013 年之后知识产权能力开始领跑，创新驱动能力稳步增长，而协同创新能力仍有待增强。

第二，创新经费投入呈现直线增长之势，创新人力和研发机构增长趋势明显。创新经费的增长在很大程度上得益于创新经费投入总量的增长,企业R&D经费投入强度在2016年仅为0.9%,仍存在较大提升空间。创新人力增长显示,企业更加重视创新人员的知识积累与学习能力,这有益于提升创新品质。2016年有研究机构的企业占工业企业的比重较2011年增长了108.8%,企业研发机构普及率有所上升,研发机构正成为企业开展研发工作的主要载体。

第三,我国企业利用创新政策能力显著提升,但在创新合作、创新资源整合方面仍发展缓慢。企业获得政府科技活动资金总体呈上升趋势,2016年企业获得政府科技活动资金相对于2011年增长了39.1%;研发费用加计扣除减免税量逐年增多,2016年较2011年增长了93.8%;企业R&D经费外部支出中高校和研究机构所占比重在60%左右;国内技术供应能力在2015年之前呈现出稳中有升的趋势;消化吸收经费支出与引进技术经费支出的比值在近年存在下滑迹象。

第四,我国企业知识产权运用能力和知识产权保护能力均大幅提高,但知识产权创造能力近年来增长平缓。我国企业每亿元R&D经费投入产生的专利申请量约66件,企业发明专利申请量占专利申请量的比重呈逐年上升趋势,2016年达到了40.2%;万名企业就业人员有效发明专利量、商标拥有量呈逐年增长之势,2016年分别达到81.3件、54.3件;相较于活跃的知识产权申请及有效知识产权数量,知识产权市场活跃程度还有待提升。

第五,市场影响力扩大及对经济社会发展的辐射力增强提升了企业整体的创新驱动能力。企业基于知识产权的国际市场影响力不断增强,进入国家阶段的PCT国际发明专利申请数逐年增加,相较于2011年,2016年进入国家阶段的PCT国际发明专利申请数、境外注册商标数分别增长了164.6%、78.4%;企业创新对经济社会发展的促进作用明显,全社会劳动生产率、综合能耗产出率呈不断增长之势。相较于2011年,2016年的劳动生产率、综合能耗产出率分别增长了51.3%、36.4%。相较而言,企业新产品产值及新产品出口情况无明显增势,仍存在较大的提升空间。

第四章 国际篇

我国企业创新能力国际比较

知识经济时代的企业竞争力集中体现为卓越的创新能力,这一特征在国际市场中体现得非常明显。本章主要对我国企业创新能力进行国际对比。结合之前几章所确立的核心指标,并基于《中国科技统计年鉴2017》《中国企业创新调查年鉴2017》及欧盟创新调查2014(简写为CIS2014)数据,本章主要从创新活跃程度、创新投入与协同创新能力、知识产权获取能力及创新驱动能力几个维度展开讨论。考虑到创新领军企业对一国经济的卓越贡献及其对其他企业的创新引领作用,本章基于欧盟产业研发投入记分牌中的全球研发投入2500强公司排名数据、科睿唯安的全球创新百强机构排名数据及福布斯发布的全球企业创新百强数据,对我国企业创新能力进行国际比较评价。

一、创新活跃程度

(一)总体创新活跃程度

从实现创新的企业占全部企业比重看,瑞士(73.0%)、卢森堡(63.7%)和德国(62.8%)的占比较高,中国(36.1%)与西班牙(34.1%)相当。

分行业看,制造业中实现创新企业占比较高的国家为瑞士(78.6%)、加拿大(74.8%)和巴西(72.6%),中国(45.3%)与捷克(44.7%)、立陶宛(42.5%)水平相当;服务业方面,实现创新企业占比较高的国家有瑞士(69.2%)、巴西(68.9%)和加拿大(65.0%),中国(27.8%)与韩国(27.0%)相近。

（二）产品与工艺创新活跃程度

实现产品或工艺创新企业占比较高的国家为比利时（49.3%）、瑞士(49.2%)和爱尔兰(47.1%)，中国（22.0%）与巴西（24.9%）、西班牙（19.6%）相当；实现产品创新企业占比较高的国家是瑞士（41.7%）和加拿大（40.4%），中国（16.7%）与巴西（18.1%）、日本（15.8%）水平相当；实现工艺创新企业占比较高的国家有澳大利亚(39.5%)、比利时（38.8%）和爱尔兰（37.8%），中国（17.9%）与英国（17.9%）水平相当。

分行业看，制造业实现产品或工艺创新企业占比较高的国家是瑞士、爱尔兰和比利时，占比分别为58.3%、56.2%和56.2%，中国企业占比为33.1%；仅看实现产品创新的企业，占比较高的国家为瑞士、加拿大和爱尔兰，对应的占比分别为46.8%、46.1%和45.6%，中国企业占比为25.9%，与希腊（24.8%）水平相当；实现工艺创新企业占比较高的国家有加拿大、比利时和爱尔兰，对应的占比分别为48.0%、45.8%和45.7%，中国企业占比为26.9%，与丹麦（25.0%）水平相当。

在服务业实现产品或工艺创新企业占比方面，占比较高的国家是比利时、冰岛和瑞士，占比分别为44.8%、44.4%和43.6%，中国企业占比为8.3%，与保加利亚(10.35%)水平相当；仅实现产品创新的企业方面，占比较高的国家为澳大利亚、瑞士和加拿大，分别为39.7%、39.2%和37.0%，中国企业占比为8.3%，与西班牙（8.7%）水平相当；实现工艺创新企业占比较高的国家为澳大利亚、爱尔兰和比利时，分别为41.8%、34.4%和34.0%，中国企业占比为8.9%。

（三）组织与营销创新活跃程度

实现组织或营销创新企业占比较高的国家是瑞士（62.6%）、卢森堡(55.3%)和爱尔兰(53.6%)，中国（30.1%）与马耳他（31.8%）、捷克（27.3%）处于同一梯队；实现组织创新企业占比较高的国家是巴西（58.1%）、卢森堡（47.0%）和瑞士（45.9%），中国（24.2%）与斯洛文尼亚（24.4%）、克罗地亚（23.2%）水平相当；实现营销创新企业占比较高的国家是瑞士（50.5%）、巴西（41.7%）和爱尔兰（39.6%），中国（22.7%）与意大利（23.5%）、日本（22.5%）水平相当。

分行业看，制造业实现组织或营销创新企业占比较高的国家是瑞士、爱尔兰和德国，占比分别为 65.6%、58.1% 和 52.8%，中国的占比为 35.3%，与意大利（35.5%）和瑞典（33.6%）水平相当；实现组织创新企业占比较高的国家是巴西、瑞士和爱尔兰，对应的占比分别为 58.0%、49.0% 和 47.3%，中国的占比为 28.4%，与丹麦（28.7%）和挪威（26.3%）水平相当；实现营销创新企业占比较高的国家是瑞士、巴西和爱尔兰，对应的占比分别为 52.6%、42.4% 和 41.1%，中国的占比为 28.0%，与丹麦（27.6%）水平相当。

服务业实现产品或工艺创新企业占比较高的国家是瑞士、卢森堡和爱尔兰，对应的占比分别为 60.6%、56.2% 和 52.0%，中国的占比为 25.6%，与立陶宛（26.1%）和捷克（25.5%）水平相当；实现组织创新企业占比较高的国家是巴西、卢森堡和瑞士，对应的占比分别为 58.7%、48.3% 和 43.7%，中国的占比为 20.1%，与西班牙（22.1%）水平相当；实现营销创新企业占比较高的国家是瑞士、爱尔兰和以色列，对应的占比分别为 49.2%、39.5% 和 36.6%，中国的占比为 19.1%。

二、企业创新投入与协同创新能力

（一）创新投入能力

1. 我国企业R&D经费投入排名靠前

在研发经费投入方面，2016 年，美国、中国及日本的企业 R&D 经费投入额较高，分别为 3637.5 亿美元、1827.7 亿美元及 1224.2 亿美元。日本、韩国和中国企业投入的 R&D 经费占总 R&D 经费的比例较高，分别为 78.8%、77.7% 和 77.5%。

2. 我国企业R&D活动的人力投入及占比领先

在研发人力投入方面，2016 年，中国、日本和俄罗斯从事 R&D 活动人员数量较多，分别为 387.8 万人年、87.2 万人年和 80.2 万人年；从企业部门从事 R&D 活动人员占全部 R&D 活动人员比重看，中国、韩国及奥地利的比重较高，分别为 77.6%、73.5% 及 70.8%。

（二）协同创新能力

从创新合作对象看，与供应商合作的企业占比较高的国家是爱沙尼亚（45.8%）、比利时（43.4%）和英国（40.1%），中国（34.7%）与斯洛伐克（39.6%）、希腊（32.7%）水平相当；与客户合作的企业占比方面，中国（41.8%）、英国（40.0%）和日本（30.0%）的占比较高；与高等学校或研究机构合作的企业占比方面，中国、芬兰及奥地利占比较高，分别为 40.7%、23.0% 及 22.7%[①]。

三、知识产权获取能力及创新驱动能力

（一）知识产权能力

1.中国有效专利的世界占比达17.1%，与日本、美国形成三足鼎立之势

2016 年日本有效专利占全球有效专利的比重为 30.3%，居于首位；其次为美国，比重达到 25.6%；我国有效专利占全球有效专利的比重达到 17.1%，位居第三；之后为韩国（12.5%）和法国（3.0%）。这表明从专利存量角度看，我国已经成为一个专利大国，量的优势开始凸显。

2.中国三方专利的世界占比达5.7%，具有国际影响力的专利还有待发展

2016 年日本的三方专利占全球的 31.7%，居于首位；其次为美国，占比达到 26.8%；德国占比位居第三，为 8.7%；我国三方专利占全球的比重为 5.7%。这表明我国企业在专利质量上还有很大的提升空间。

3.中国万名企业研究人员PCT专利申请数为411件，发展潜力明显

2016 年卢森堡万名企业研究人员 PCT 专利申请数达到 4556 件；其次为瑞士，达到 1995 件；日本、德国及美国分别为 925 件、776 件及 557 件；中国为 411 件。表明我国人均 PCT 专利申请仍具有较大的发展空间。

---

① 中国的数据为 2016 年，CIS2014 数据主要为 2012—2014 年。

(二)创新驱动能力

1.中国劳动生产率相对较低,在金砖国家中处于中等水平

2016年爱尔兰的劳动生产率高达14.9万美元／人;挪威、瑞士、美国分别为13.5万美元／人、13.3万美元／人、12.1万美元／人;中国的劳动生产率为1.4万美元／人,低于南非(1.9万美元／人)、俄罗斯(1.8万美元／人)及巴西(1.6万美元／人),高于印度(0.3万美元／人)。

2.中国单位能源消耗的经济产出相对较低,在金砖国家中处于中上水平

2015年单位能源消耗经济产出最高的国家为瑞士,高达27.4美元／千克标准油;其次为爱尔兰,达到21.6美元／千克标准油;丹麦、英国、卢森堡分别以18.5美元／千克标准油、15.9美元／千克标准油、15.5美元／千克标准油紧随其后;中国的单位能源消耗经济产出为3.6美元／千克标准油,在全球排名中落后。金砖国家中,中国低于巴西(5.8美元／千克标准油),高于俄罗斯(1.8美元／千克标准油)、南非(2.11美元／千克标准油)及印度(2.5美元／千克标准油)。

四、领军型创新企业国际比较

企业创新能力国际对比方面,欧盟产业研发投入记分牌(The EU Industrial R&D Investment Scoreboard)、科睿唯安的全球创新机构百强排名及美国《福布斯》杂志的创新企业排名具有权威性。这3个榜单的评价标准依次侧重于创新投入、创新产出(主要用专利衡量)及创新绩效。

欧盟产业研发投入记分牌数据直接取自欧盟和世界各地最顶尖公司每年的财务报表,主要包含世界顶尖的2500家公司研发投入数据和欧洲前1000家公司的研发投入数据。评价标准包括研发支出、研发投入年增长百分比、销售净额、销售净额年增长百分比、研发强度、资本支出、资本支出年增长率、资本支出强度百分比、营运利润、营运利润年增长率、盈利能力、员工人数、员工年增长率、市值、市值的年增长率等指标。

全球研发投入前2500家公司分布于40多个国家，其中美国有822家企业上榜，之后是中国大陆（376家）和日本（365家），德国（134家）、英国（134家）位列其后（表4-1）。

表4-1 2016年全球产业研发投入2500强企业的国家（地区）分布

国家（地区）	入围企业数（家）	国家（地区）	入围企业数（家）
美国	822	挪威	12
中国大陆	376	巴西	9
日本	365	土耳其	7
德国	134	卢森堡	6
英国	134	新加坡	6
中国台湾	105	马来西亚	3
法国	71	希腊	3
韩国	70	新西兰	3
瑞士	52	葡萄牙	2
荷兰	39	伊拉克	2
瑞典	36	墨西哥	2
加拿大	27	南非	2
丹麦	26	俄国	2
印度	25	沙特阿拉伯	2
意大利	24	马耳他	1
爱尔兰	23	冰岛	1
以色列	22	泰国	1
芬兰	19	匈牙利	1
奥地利	16	斯洛文尼亚	1
西班牙	16	委内瑞拉	1
澳大利亚	15	列支敦士登	1
比利时	15		

数据来源：The EU Industrial R&D Investment Scoreboard 2017。

从入围机构的产业分布来看（表4-2），制药和生物产业机构最多，占16.0%；其次为技术硬件和设备(11.0%)、软件和计算机服务(10.8%)；电子电气设备占9.5%；工业工程、汽车及配件、化学制品分别占8.0%、6.5%、4.9%；一般工业、保健设备和服务、建筑和材料分别占3.7%、3.7%、2.7%。

表4-2 2016年全球产业研发投入2500强企业的技术领域分布

技术领域	入围企业数（家）	技术领域	入围企业数（家）
制药和生物技术	399	电力	24
技术硬件和设备	276	一般零售商	18
软件和计算机服务	269	旅游和休闲	18
电子电气设备	238	媒体	18
工业工程	200	移动通信	17
汽车及配件	162	金融服务	15
化学制品	123	天然气、水	14
一般工业	92	固定线路电信	13
保健设备和服务	92	石油设备、服务和分销	13
建筑和材料	68	矿业	13
食品生产	57	林业与造纸	13
个人物品	51	饮料	8
航空航天与国防	49	房地产投资与服务	7
家居用品及家居	45	工业运输	7
休闲用品	43	可替代能源	6
工业金属和采矿	39	烟草	5
银行	27	人寿保险	4
支持服务	26	非人寿保险	3
石油和天然气生产	25	食品和药品零售	3

数据来源：The EU Industrial R&D Investment Scoreboard 2017。

科睿唯安通过对企业的专利数据进行深度挖掘，遴选出全球百强创新机构。科睿唯安百强创新机构需要满足专利量多质高两个条件。首先，只有在最近5年中拥有至少100件专利的机构才被纳入遴选范围；其次，反映专利质量的指标构成重要的遴选标准，包括专利授权率、全球化和影响力。2017年的数据显示（表4-3），中国大陆仅有1家企业入围。相比之下，日本有39家企业入围，美国有36家企业入围，法国有7家企业入围，分别位居前三；德国有4家企业入围，韩国、瑞士分别有3家企业入围，荷兰、中国台湾地区有2家企业入围，芬兰、爱尔兰和瑞典分别有1家企业入围。另从科睿唯安历年入围企业来看，中国大陆目前只有华为入围该榜单（分别在2014年、2016年及2017年入围）。这在很大程度上表明，虽然我国企业专利申请数量多，但专利质量仍存在提升空间。

表4-3 2017年科睿唯安最具创新能力100强机构的国家及地区分布

国家（地区）	入围企业数（家）	国家（地区）	入围企业数（家）
日本	39	荷兰	2
美国	36	中国台湾	2
法国	7	中国大陆	1
德国	4	芬兰	1
韩国	3	爱尔兰	1
瑞士	3	瑞典	1

数据来源：Clarivate top 100 global innovators report 2017。

从入围机构的产业分布来看，五金与电子产业机构最多，占34%；其次为制造与医疗（14%）、化学制品与化妆品（12%）；汽车占7%；家庭用品、制药、软件均占6%，电信、石油天然气能源及航空航天分别占5%、4%及3%，表现出明显的产业集聚特征。

美国《福布斯》杂志根据企业12个月的销售额增长、5年期平均年回报率、创新溢价对企业创新能力进行排名。据2017年的数据，在最具创新能力的100家企业中，美国有50家企业入围，优势明显；其次为日本，有9家企业入围；中国有6家企业入围，位列第三；其后分别为法国（4家）、英国（4家）、丹麦（3家）、印度（3家）、韩国（3家）、瑞士（3家）、爱尔兰（2家）、俄罗斯（2家）；此外，澳大利亚、比利时、巴西、加拿大、智利、印度尼西亚、意大利、荷兰、沙特阿拉伯、西班牙、泰国均有1家企业入围（表4-4）。

表4-4 2017年《福布斯》最具创新能力100强企业的国家分布

国家	入围企业数（家）	国家	入围企业数（家）
美国	50	澳大利亚	1
日本	9	比利时	1
中国	6	巴西	1
法国	4	加拿大	1
英国	4	智力	1
丹麦	3	印度尼西亚	1
印度	3	意大利	1
韩国	3	荷兰	1
瑞士	3	沙特阿拉伯	1
爱尔兰	2	西班牙	1
俄罗斯	2	泰国	1

数据来源：https://www.forbes.com/innovative-companies/list/。

分技术领域来看（表4-5），2017年的数据显示，软件与服务，食品、饮料和烟草及保健设备和服务入围的企业数位居前列，其次为制药、生物技术和生命科学，零售业，这些技术领域中均有10家及以上企业入围；家庭和个人用品、商业与专业服务、消费服务领域入围企业数排名处于第二梯队，均有5家及以上企业入围。另外，资本货物、耐用消费品和服装等行业也均有企业入围。

表4-5 2017年《福布斯》最具创新能力100强企业的技术领域分布

技术领域	入围企业数（家）	技术领域	入围企业数（家）
软件与服务	16	耐用消费品和服装	4
食品、饮料和烟草	13	材料	3
保健设备和服务	13	食品和主食零售	2
制药、生物技术和生命科学	10	电信服务	2
零售业	10	汽车及零部件	1
家庭和个人用品	8	媒体	1
商业与专业服务	6	半导体和半导体设备	1
消费服务	5	技术硬件和设备	1
资本货物	4		

数据来源：https://www.forbes.com/innovative-companies/list/。

2017年《福布斯》创新能力榜单中，我国入围的6家企业包括：上海莱士血液制品股份有限公司（Shanghai RAAS Blood Products）排名第4位；腾讯（Tencent Holdings）及康得新材料集团（Kangde Xin Composite Material Group）的排名分别为第24及第47位；携程国际（Ctrip.com International）排名第55位；百度（Baidu）及江苏恒瑞制药（Jiangsu Hengrui Medicine）的排名分别为第60及第82位。这6家企业分布在资本品、媒体、医药、零售、软件及技术硬件等领域。

五、小结

本章基于可比数据，从企业创新活跃程度、创新投入能力、协同创新能力、知识产权获取能力、创新驱动能力及创新型企业排名等维度对我国企业创新能力进行了国际对比。本章主要结论归纳如下。

第一，中国企业在创新活跃程度方面位于发展中国家前列，较发达国家仍存在差距。中国2016年有创新活动的企业占比达39.1%，实现创新的企业占比达36.1%，实现产品或工艺创新活动的企业占比达22.0%，实现组织或营销创新活动的企业占比达30.1%，整体处于中游水平。中国2016年有效专利的世界占比达17.1%，与美国、日本形成三足鼎立之势。需要注意的是，虽然中国企业在专利数量上占据优势，但专利质量尚待提升。中国2016年三方专利的世界占比仅为5.7%，具有国际影响力的专利还有待发展；中国2016年万名企业研究人员PCT专利申请数为411件，与发达国家还存在一定差距。

第二，中国企业创新投入能力具有相当的国际竞争力。从创新投入能力来看，中国企业的研究经费、人员投入均居国际前列；从协同创新的角度来看，中国企业为了获得技术创新的成功，正不断与供应链条中的上下游企业展开合作创新，并积极与高等学校、研究机构展开联合创新。

第三，中国企业创新驱动能力还有待提升。2016年我国劳动生产率为1.4万美元／人，2015年我国单位能源消耗的经济产出为3.6美元／千克标准油，与创新发达国家还存在一定差距，在创新转化为实际生产效率方面还有较大的潜力可供挖掘。

第四，中国的创新领军企业开始崛起，但在专业化运营方面还有待加强。欧盟产业研发投入记分牌的数据显示，中国大陆有376家企业入围前2500强，表明我国企业的研发投入力度日渐增加；由科睿唯安评选出的2017年全球创新机构百强名单中，中国大陆仅有1家企业入围，表明我国企业在专利运营方面还有待进一步加强；美国《福布斯》杂志所列的2017年最具创新能力的100家企业中，中国有6家企业入围，入围企业数居第3位，表明我国创新型企业的市场绩效已初具优势。

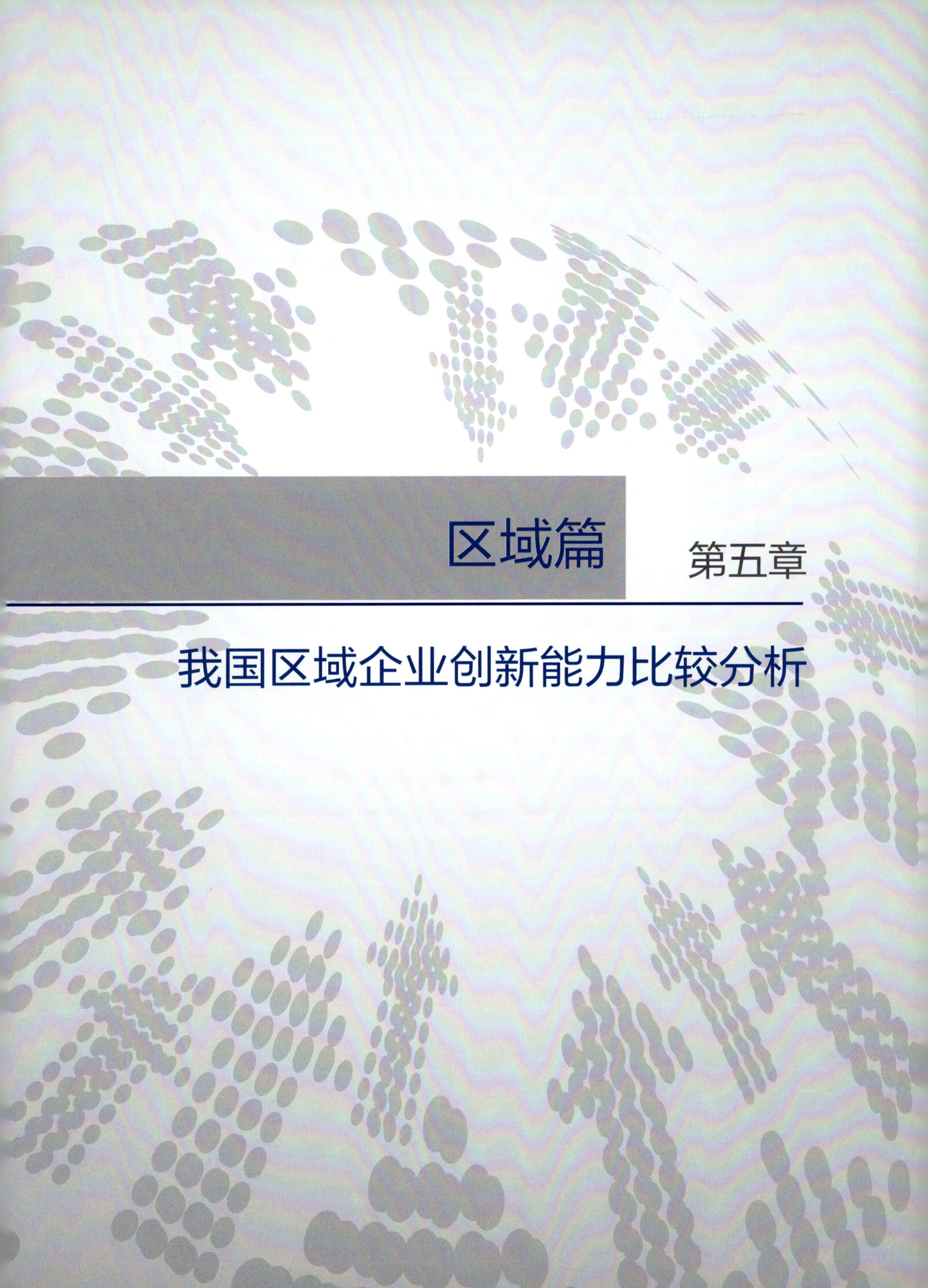

第五章 区域篇

我国区域企业创新能力比较分析

中国区域间企业创新能力存在显著差异。本章将基于《全国企业创新调查年鉴2017》《工业企业科技活动统计年鉴2017》《中国工业统计年鉴2017》的数据，从中选取核心指标，对我国区域企业创新能力的差异进行全面剖析。

一、指标选择及分析方法说明

本章选取创新合作企业占全部企业比重、工业企业R&D经费内部支出占主营业务收入比重、有国际市场新产品工业企业占产品创新工业企业比重、有创新战略目标企业占全部企业比重等20个指标，对企业创新能力进行区域比较分析。这些指标一方面可以较好地反映2016年企业创新调查的核心信息；另一方面可实现对连续性、国际可比性良好的年鉴资料的有效利用。在进行省份间企业创新能力对比时，本章采用两个评价视角：一是各省（区、市）各指标与全国平均水平的对比，以反映该省（区、市）企业相对于全国的创新水平；二是各省（区、市）各指标与所在地区（东部、中部、西部及东北地区）平均水平的对比，以反映该省（区、市）企业在该区域的相对创新水平。

由于指标的量纲不一致，本章将采用柱状图的形式呈现省（区、市）各指标与全国（地区）的相对值；鉴于有些省（区、市）相关指标多倍于全国（地区）平均水平，我们以1.2为界对柱长做了截尾处理，并在柱条中标明各省（区、市）及全国（地区）在相应指标上的实际取值。

二、各地区企业创新能力分析

1.北京

北京有 14 个指标高于全国平均水平,在万名工业企业就业人员有效发明专利量、工业企业 R&D 人员占就业人员比重和有 R&D 活动工业企业占工业企业比重方面优势明显,分别达到全国平均水平的 333.5%、165.9% 和 150.4%;相较而言,在企业研发费用加计扣除减免税占企业 R&D 经费支出比重、实现营销创新企业占全部企业比重方面还有提升空间,目前分别为全国平均水平的 83.3%、86.8%(图 5-1)。

北京有 10 个指标高于东部地区平均水平,在万名工业企业就业人员有效发明专利量、工业企业 R&D 人员占就业人员比重方面表现突出,分别达到地区平均水平的 261.4%、144.7%;相较而言,在企业研发费用加计扣除减免税占企业 R&D 经费支出比重、有国际市场新产品工业企业占产品创新工业企业比重方面还有待加强,目前分别为地区平均水平的 81.4%、83.4%(图 5-2)。

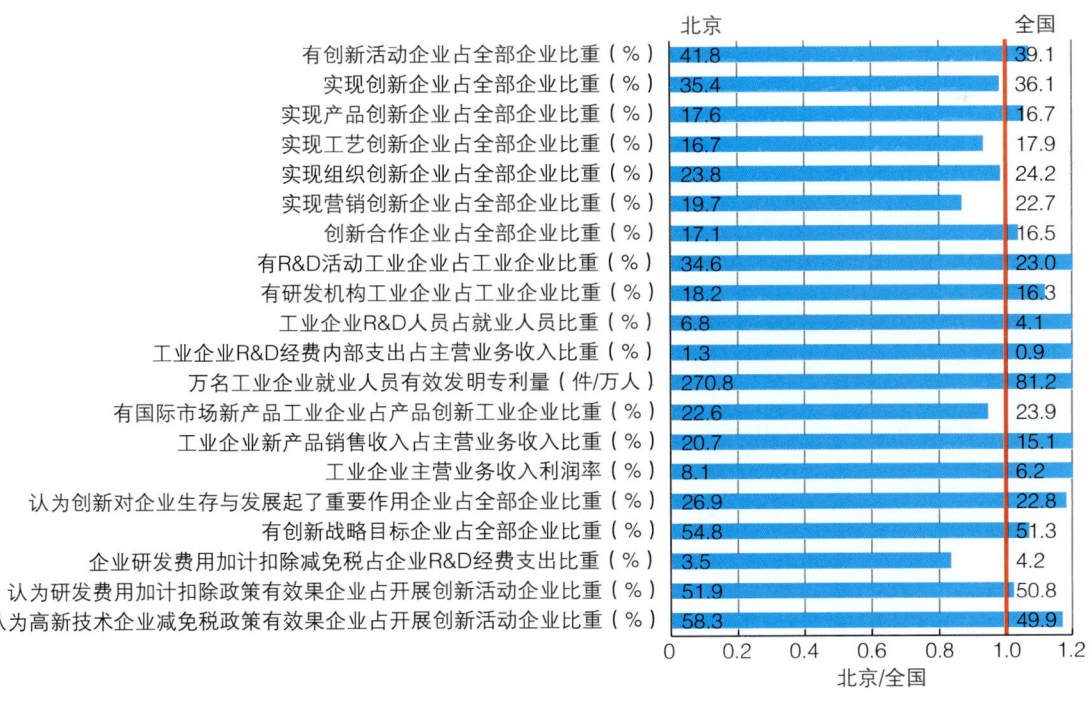

图 5-1　北京企业创新情况:与全国对比

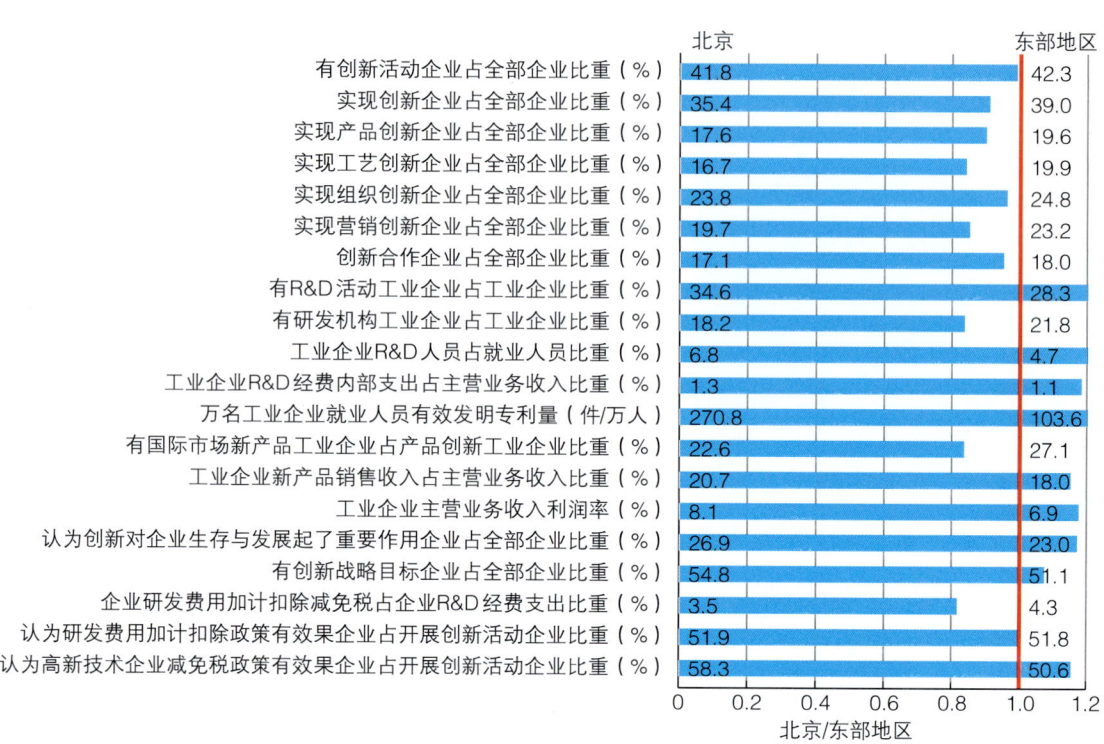

图5-2 北京企业创新情况：与东部地区对比

2.天津

天津有 12 个指标高于全国平均水平，在工业企业 R&D 人员占就业人员比重、万名工业企业就业人员有效发明专利量和有 R&D 活动工业企业占工业企业比重方面优势明显，分别达到全国平均水平的 185.4%、184.5% 和 171.7%；相较而言，在认为研发费用加计扣除政策有效果企业占开展创新活动企业比重及认为高新技术企业减免税政策有效果企业占开展创新活动企业比重方面还有待提高，目前分别为全国平均水平的 85.2%、87.6%。2016 年天津高于全国平均水平的指标个数较 2014 年减少 6 个，分别是创新合作企业占全部企业比重、有研发机构工业企业占工业企业比重、有国际市场新产品工业企业占产品创新工业企业比重、有创新战略目标企业占全部企业比重、认为研发费用加计扣除政策有效果企业占开展创新活动企业比重、认为高新技术企业减免税政策有效果企业占开展创新活动企业比重（图 5-3）。

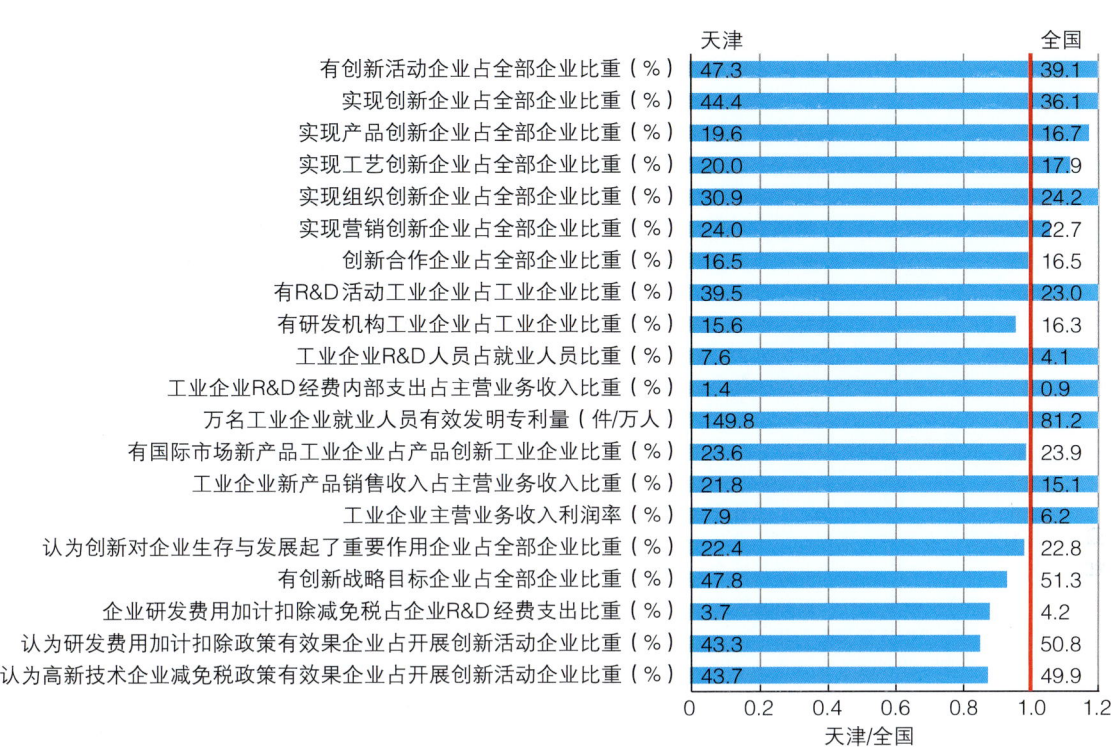

图5-3 天津企业创新情况：与全国对比

天津有11个指标高于东部地区平均水平，在工业企业R&D人员占就业人员比重、万名工业企业就业人员有效发明专利量方面表现突出，分别达到地区平均水平的161.7%、144.6%；相较而言，在有研发机构工业企业占工业企业比重方面还存在较大不足，仅为地区平均水平的71.6%。天津2016年高于东部地区平均水平的指标个数较2014年减少5个，分别是实现产品创新企业占全部企业比重、创新合作企业占全部企业比重、有创新战略目标企业占全部企业比重、认为研发费用加计扣除政策有效果企业占开展创新活动企业比重、认为高新技术企业减免税政策有效果企业占开展创新活动企业比重（图5-4）。

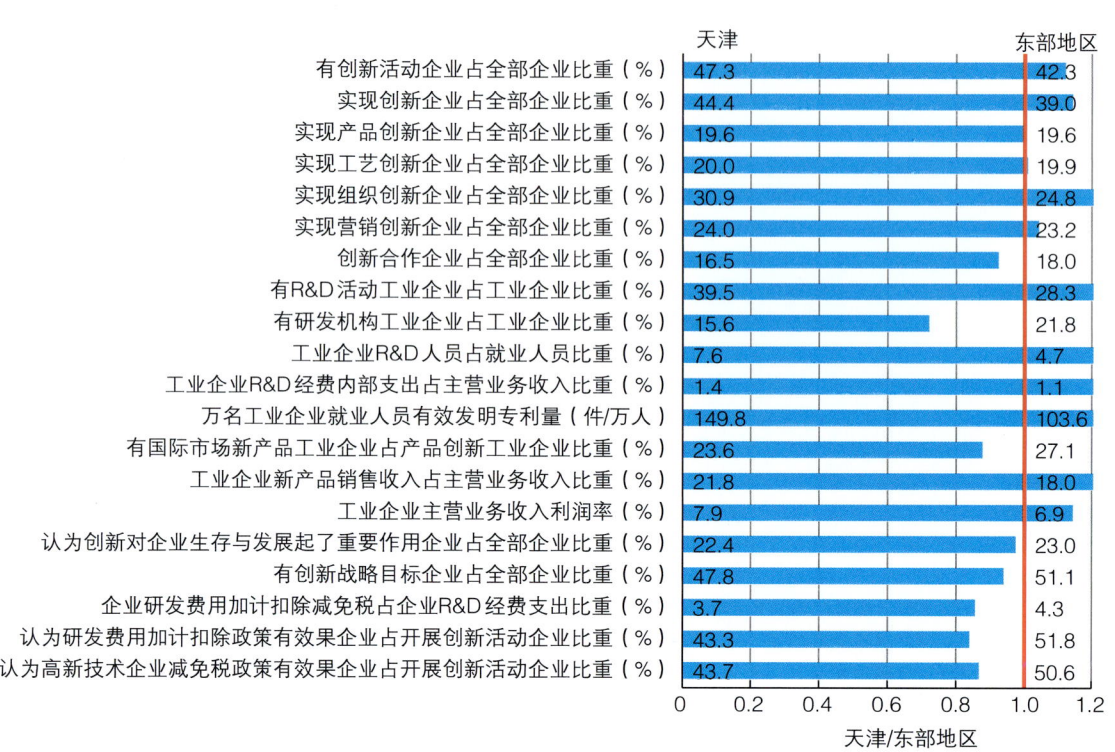

图5-4 天津企业创新情况：与东部地区对比

3.河北

河北有 5 个指标高于全国平均水平，其中实现营销创新企业占全部企业比重为全国平均水平的 107.0%；相较而言，在万名工业企业就业人员有效发明专利量、有研发机构工业企业占工业企业比重方面还存在较大的改进空间，分别仅为全国平均水平的 43.8% 和 46.6%（图 5-5）。

河北有 3 个指标高于东部地区平均水平，其中实现营销创新企业占全部企业比重为地区平均水平的 104.7%；相较而言，在万名工业企业就业人员有效发明专利量、有研发机构工业企业占工业企业比重和有 R&D 活动工业企业占工业企业比重方面还存在明显不足，分别仅为地区平均水平的 34.4%、34.9% 和 40.6%（图 5-6）。

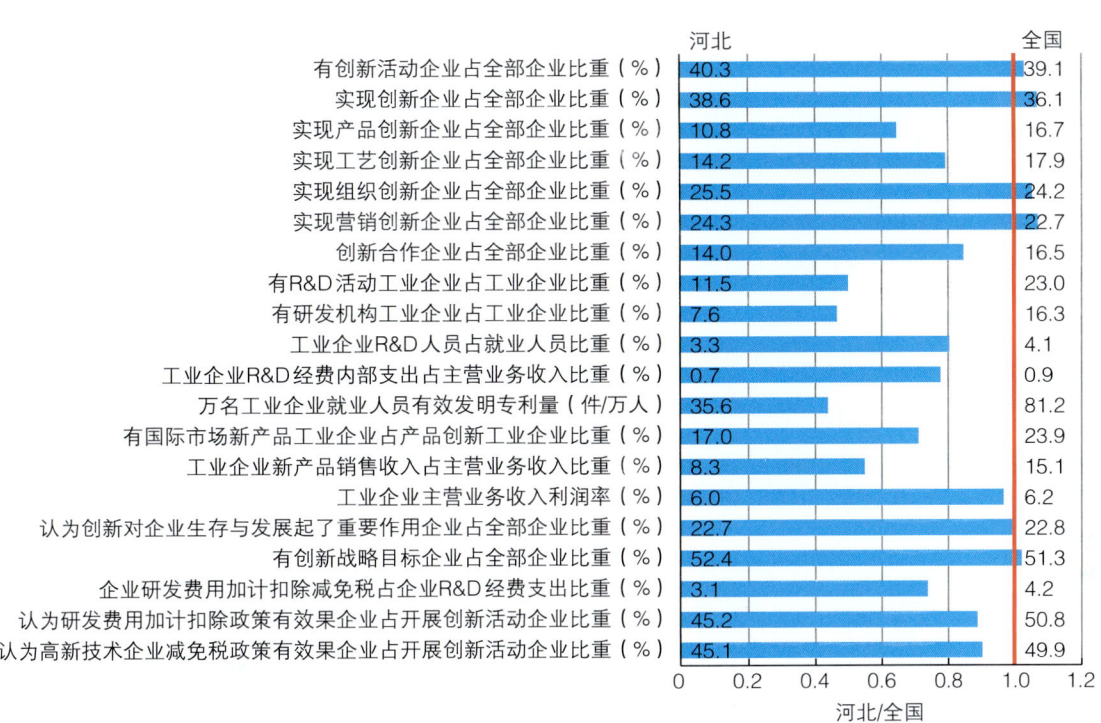

图5-5　河北企业创新情况：与全国对比

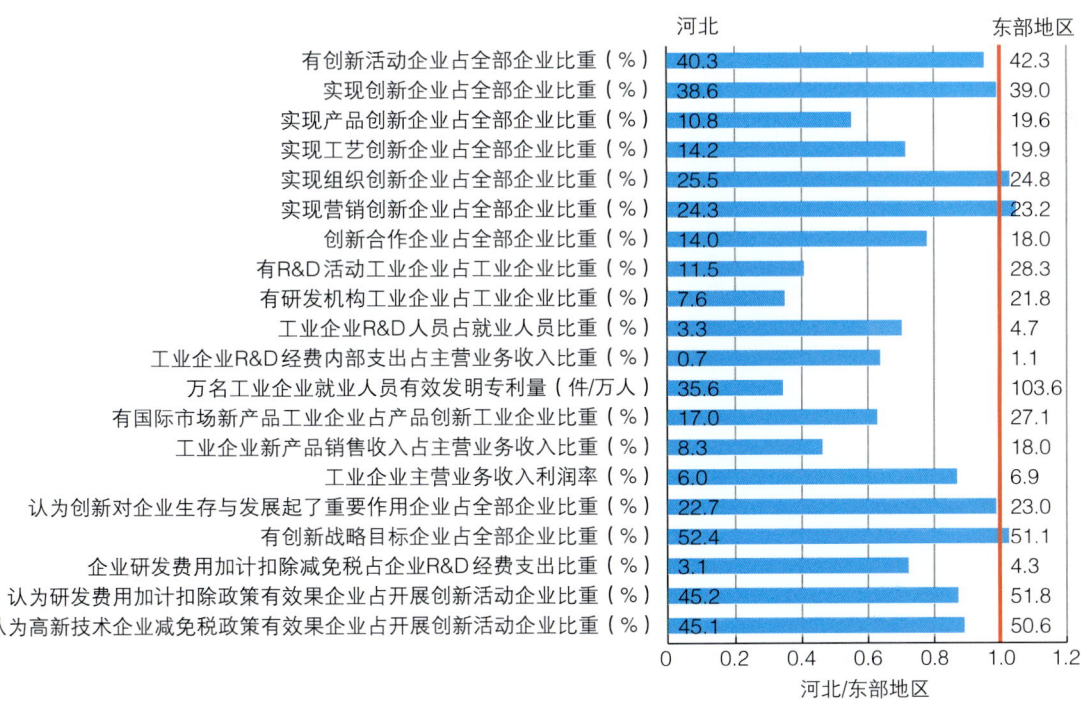

图5-6　河北企业创新情况：与东部地区对比

第五章　我国区域企业创新能力比较分析　75

4.山西

山西有 2 个指标高于全国平均水平，其中企业研发费用加计扣除减免税占企业 R&D 经费支出比重为全国平均水平的 121.4%；相较而言，在工业企业主营业务收入利润率、万名工业企业就业人员有效发明专利量方面存在较大不足，分别仅为全国平均水平的 33.9%、34.6%（图 5-7）。

山西有 1 个指标（企业研发费用加计扣除减免税占企业 R&D 经费支出比重）高于中部地区平均水平，为后者的 127.5%；相较而言，在工业企业主营业务收入利润率方面还有较大提升空间，目前仅为地区平均水平的 39.6%（图 5-8）。

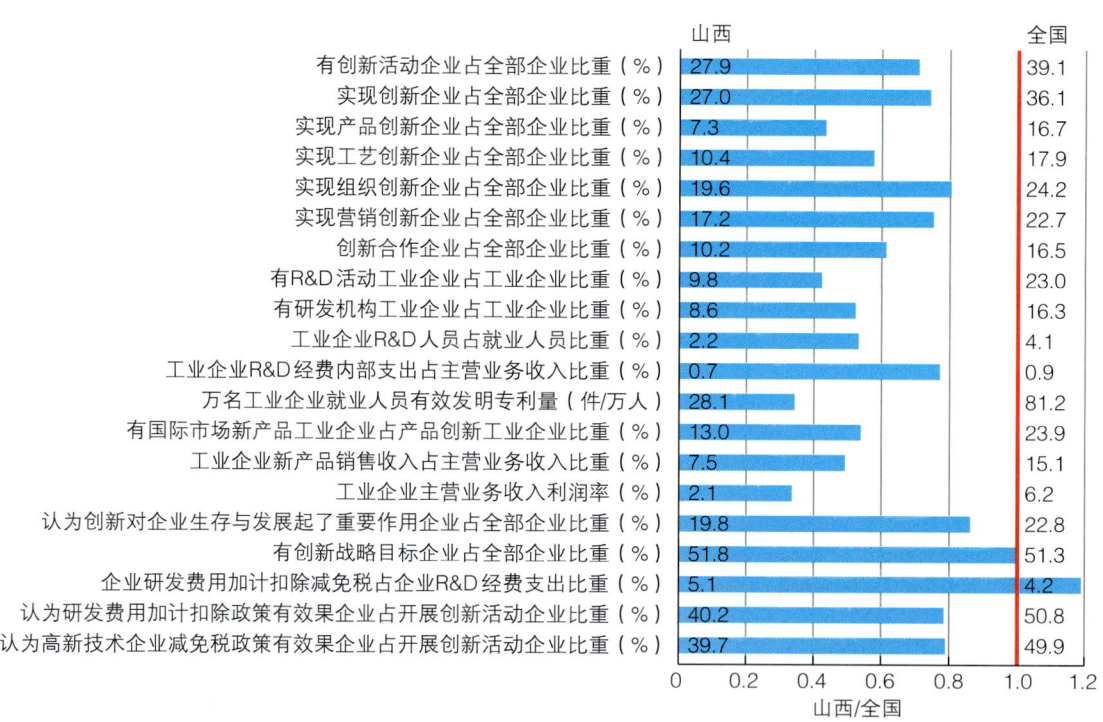

图5-7　山西企业创新情况：与全国对比

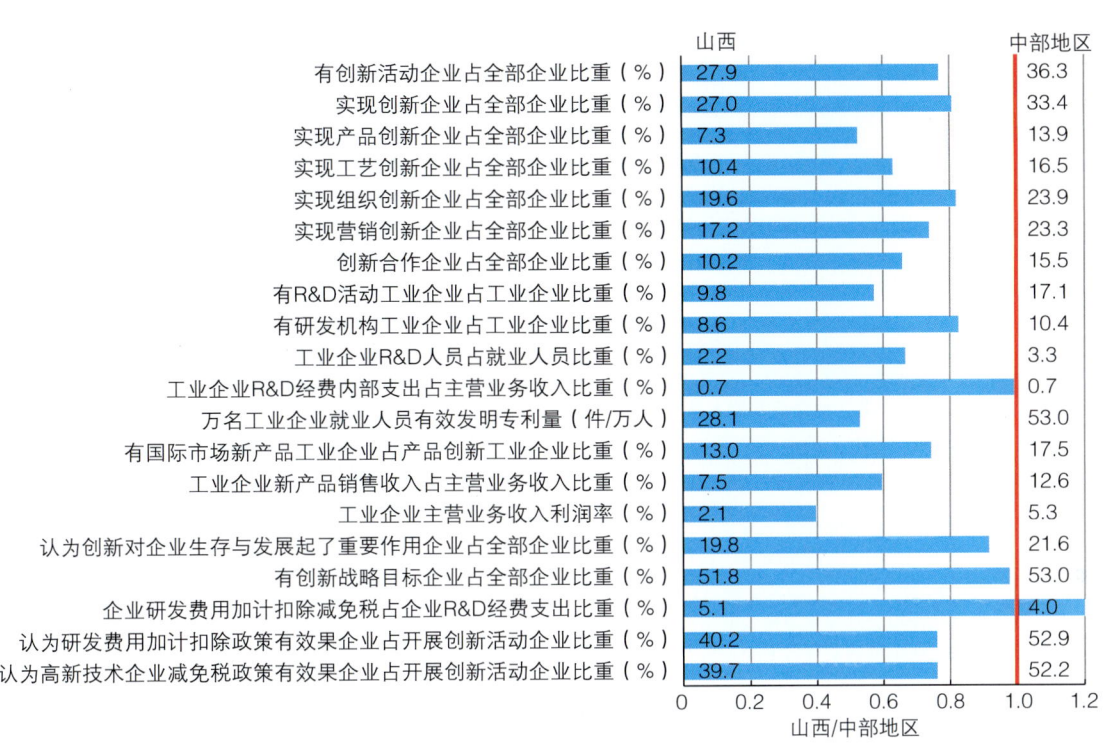

图5-8　山西企业创新情况：与中部地区对比

5.内蒙古

内蒙古有1个指标（工业企业主营业务收入利润率）高于全国平均水平，为后者的108.1%；相较而言，在有研发机构工业企业占工业企业比重、工业企业新产品销售收入占主营业务收入比重和万名工业企业就业人员有效发明专利量方面存在较大提升空间，目前分别仅为全国平均水平的24.5%、25.2%和31.7%（图5-9）。

内蒙古有3个指标高于西部地区平均水平，其中工业企业主营业务收入利润率为地区平均水平的119.6%；相较而言，在企业研发费用加计扣除减免税占企业R&D经费支出比重、工业企业新产品销售收入占主营业务收入比重方面仍存在较大提升空间，目前分别仅为地区平均水平的45.0%、45.8%（图5-10）。

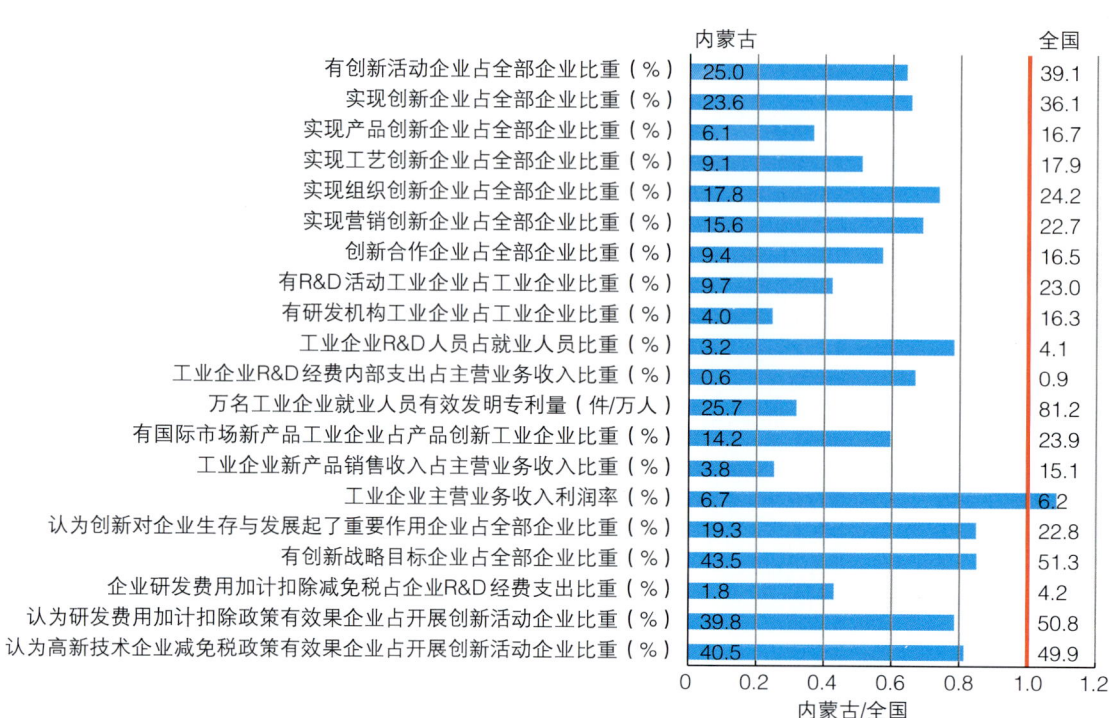

图5-9 内蒙古企业创新情况:与全国对比

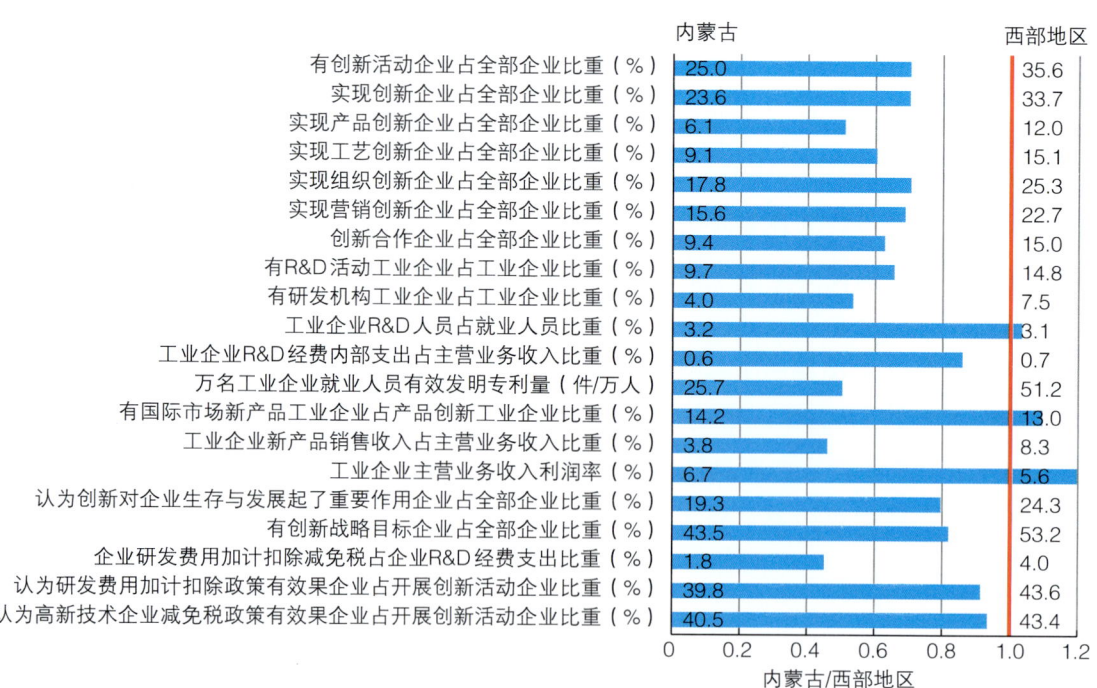

图5-10 内蒙古企业创新情况:与西部地区对比

6.辽宁

辽宁有5个指标高于全国平均水平,在有国际市场新产品工业企业占产品创新工业企业比重、工业企业R&D经费内部支出占主营业务收入比重方面表现突出,分别达到全国平均水平的127.6%、122.2%;相较而言,在有研发机构工业企业占工业企业比重、工业企业主营业务收入利润率方面还存在较大提升空间,目前分别仅为全国平均水平的31.3%、41.9%(图5-11)。

辽宁有11个指标高于东北地区平均水平,在工业企业R&D经费内部支出占主营业务收入比重、万名工业企业就业人员有效发明专利量方面优势明显,分别达到地区平均水平的157.1%、136.4%;相较而言,在工业企业主营业务收入利润率、企业研发费用加计扣除减免税占企业R&D经费支出比重方面仍有较大提升空间,目前分别为地区平均水平的74.3%、75.0%(图5-12)。

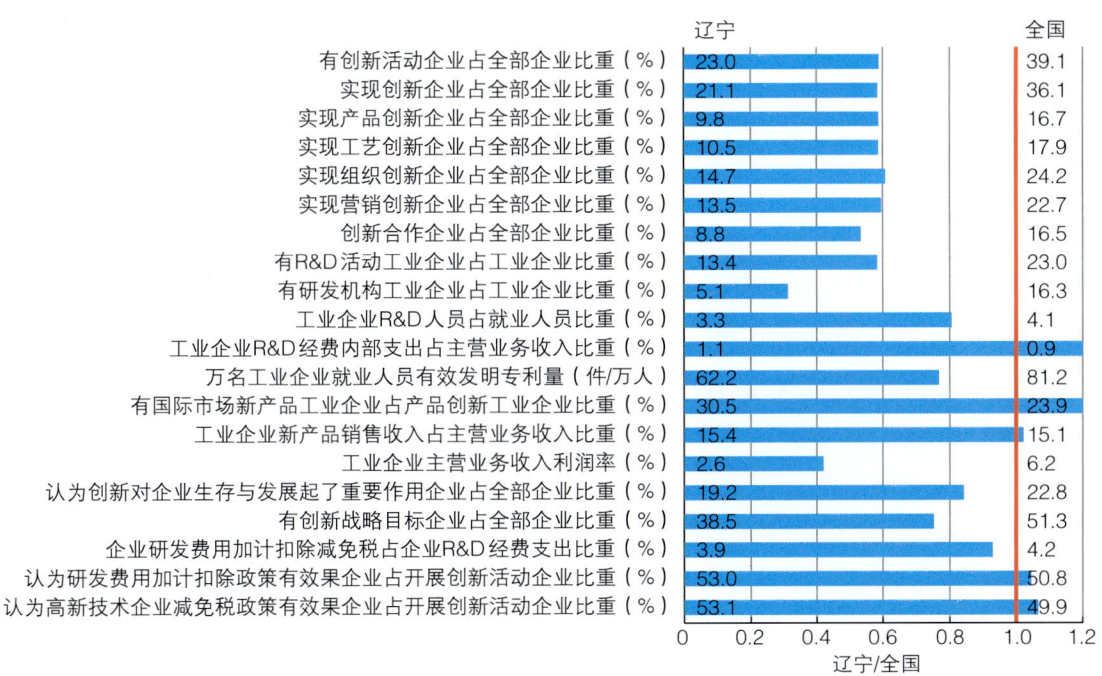

图5-11 辽宁企业创新情况:与全国对比

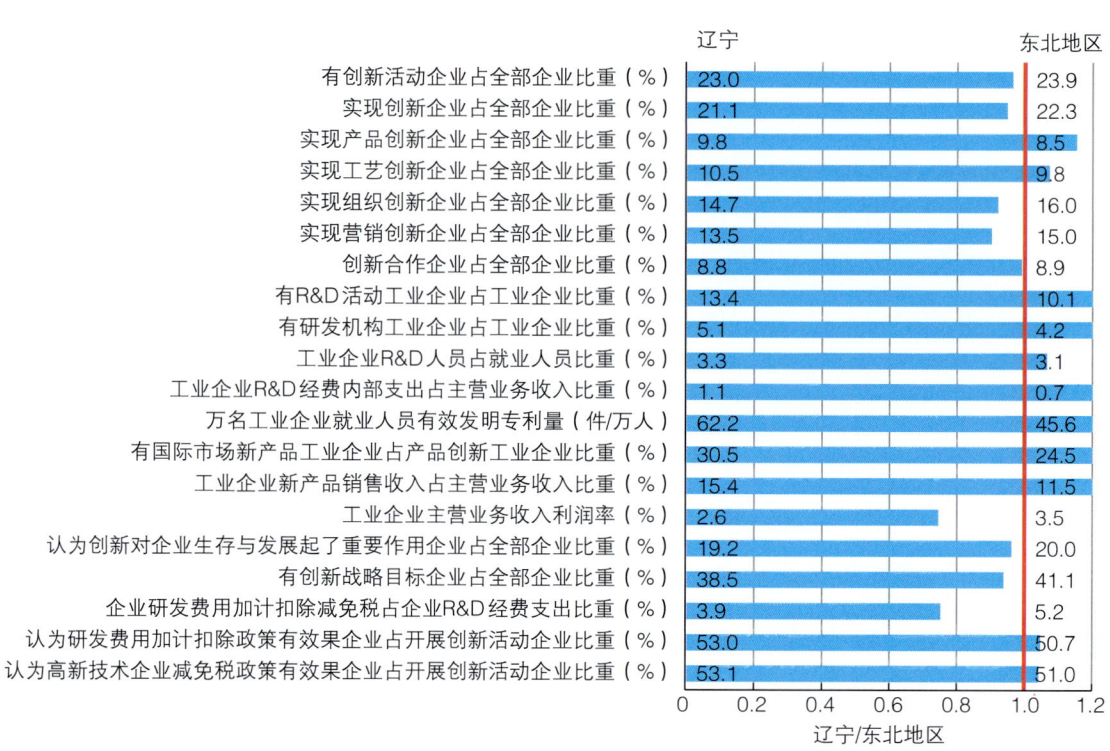

图5-12 辽宁企业创新情况：与东北地区对比

7.吉林

吉林有2个指标高于全国平均水平，在企业研发费用加计扣除减免税占企业R&D经费支出比重方面优势明显，为全国平均水平的252.4%；相较而言，在有研发机构工业企业占工业企业比重、有R&D活动工业企业占工业企业比重和万名工业企业就业人员有效发明专利量方面存在明显不足，分别仅为全国平均水平的16.6%、26.1%和29.2%（图5-13）。

吉林有9个指标高于东北地区平均水平，在企业研发费用加计扣除减免税占企业R&D经费支出比重、工业企业主营业务收入利润率方面表现突出，分别达到地区平均水平的203.8%、154.3%；相较而言，在万名工业企业就业人员有效发明专利量、工业企业R&D经费内部支出占主营业务收入比重方面仍有较大提升空间，分别仅为地区平均水平的52.0%、57.1%（图5-14）。

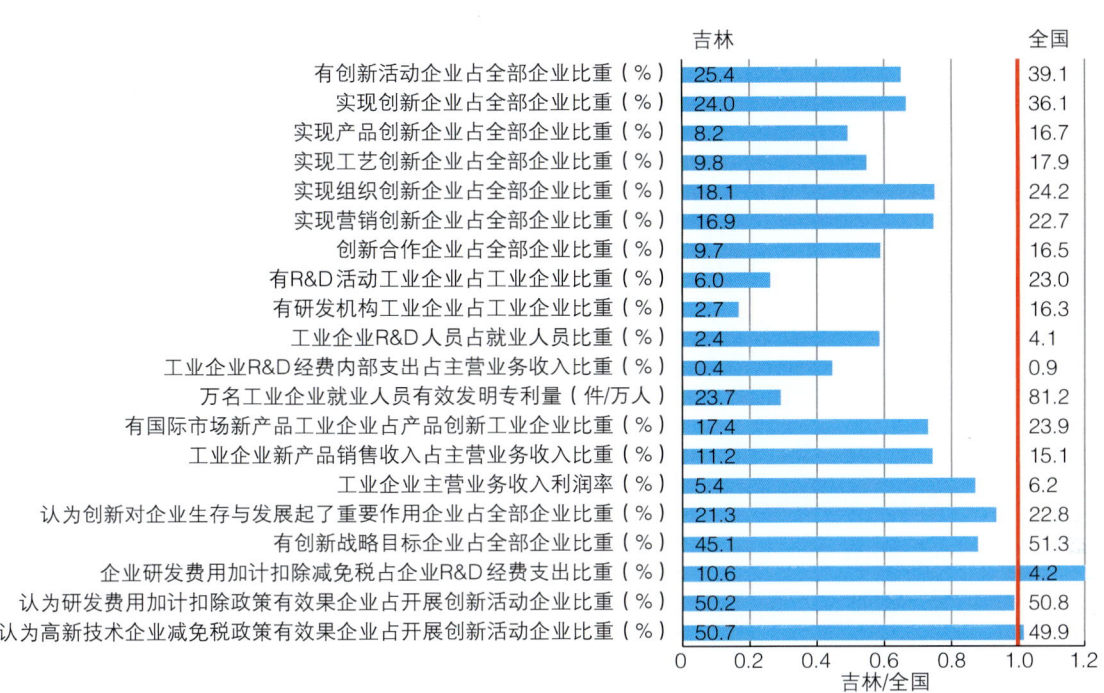

图5-13 吉林企业创新情况：与全国对比

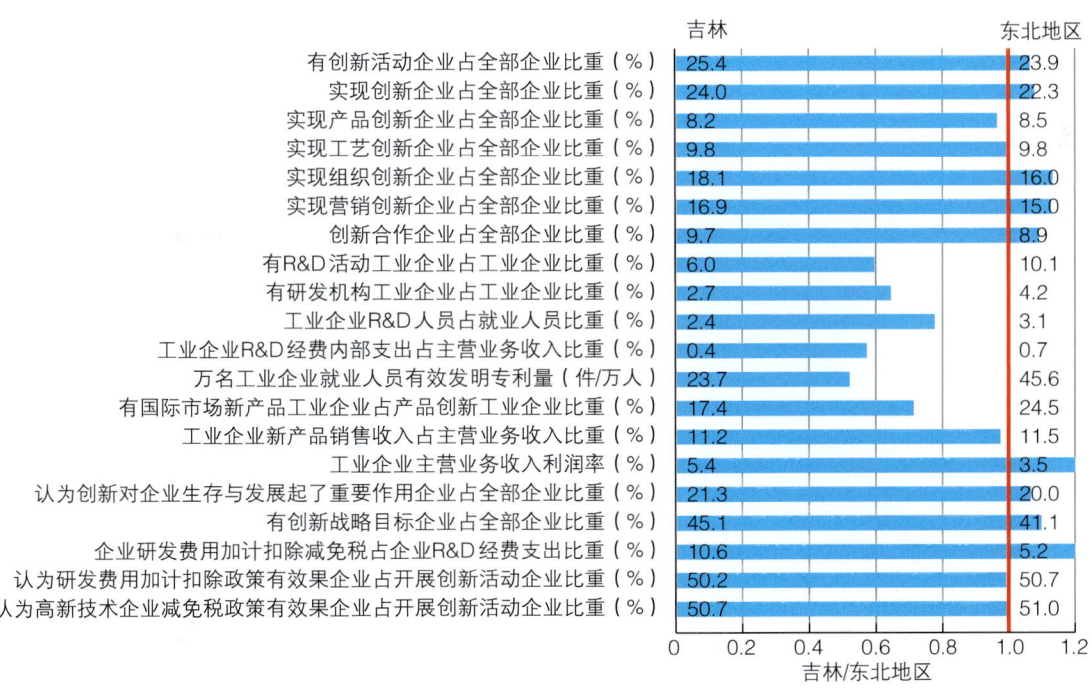

图5-14 吉林企业创新情况：与东北地区对比

8.黑龙江

黑龙江所有指标均低于全国平均水平，在认为高新技术企业减免税政策有效果企业占开展创新活动企业比重、工业企业R&D人员占就业人员比重方面表现相对较好；但在有研发机构工业企业占工业企业比重、工业企业新产品销售收入占主营业务收入比重方面存在较大不足，分别仅为全国平均水平的27.6%、29.1%（图5-15）。

黑龙江有5个指标高于东北地区平均水平，在工业企业R&D人员占就业人员比重、工业企业R&D经费内部支出占主营业务收入比重方面优势较为明显，分别为地区平均水平的122.6%、114.3%；相较而言，在工业企业新产品销售收入占主营业务收入比重方面存在大不足，仅为地区平均水平的38.3%。2016年黑龙江高于东北地区的指标个数较2014年减少10个，分别是有创新活动企业占全部企业比重、实现产品创新企业占全部企业比重、实现工艺创新企业占全部企业比重、实现组织创新企业占全部企业比重、创新合作企业占全部企业比重、有R&D活动工业企业占工业企业比重、万名工业企业就业人员有效发明专利量、工业企业主营业务收入利润率、认为创新对企业生存与发展起了重要作用企业占全部企业比重、有创新战略目标企业占全部企业比重（图5-16）。

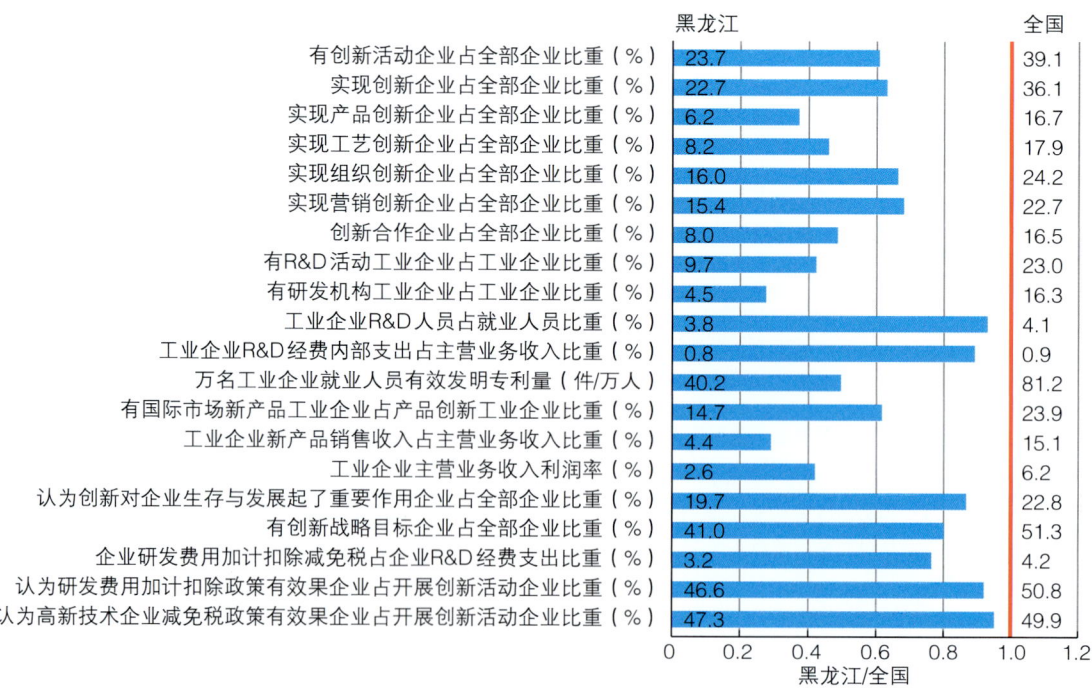

图5-15 黑龙江企业创新情况：与全国对比

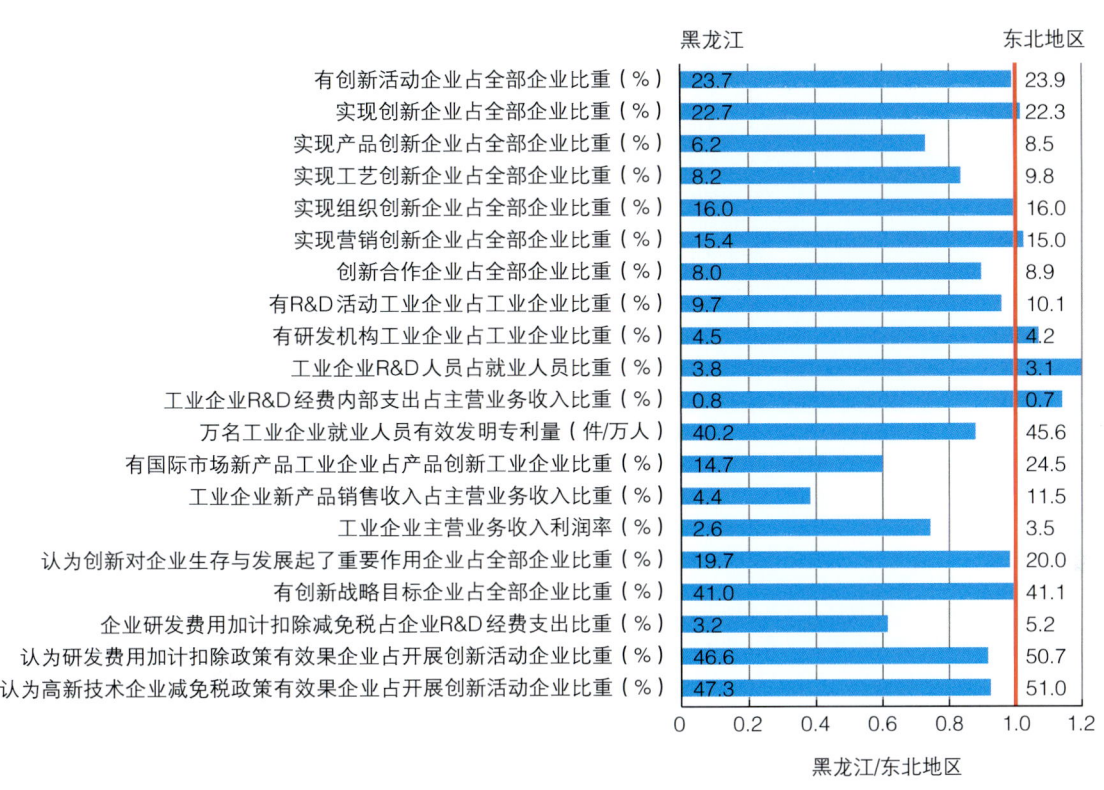

图5-16　黑龙江企业创新情况：与东北地区对比

9.上海

上海有13个指标高于全国平均水平，在万名工业企业就业人员有效发明专利量、企业研发费用加计扣除减免税占企业R&D经费支出比重和工业企业新产品销售收入占主营业务收入比重方面具有明显优势，分别达到全国平均水平的214.5%、185.7%和174.2%；相较而言，在有研发机构工业企业占工业企业比重方面还存在较大提升空间，目前仅为全国平均水平的43.6%（图5-17）。

上海有10个指标高于东部地区平均水平，在企业研发费用加计扣除减免税占企业R&D经费支出比重、万名工业企业就业人员有效发明专利量方面表现突出，分别为地区平均水平的181.4%、168.1%；相较而言，在有研发机构工业企业占工业企业比重方面存在较大潜力，目前仅为地区平均水平的32.6%（图5-18）。

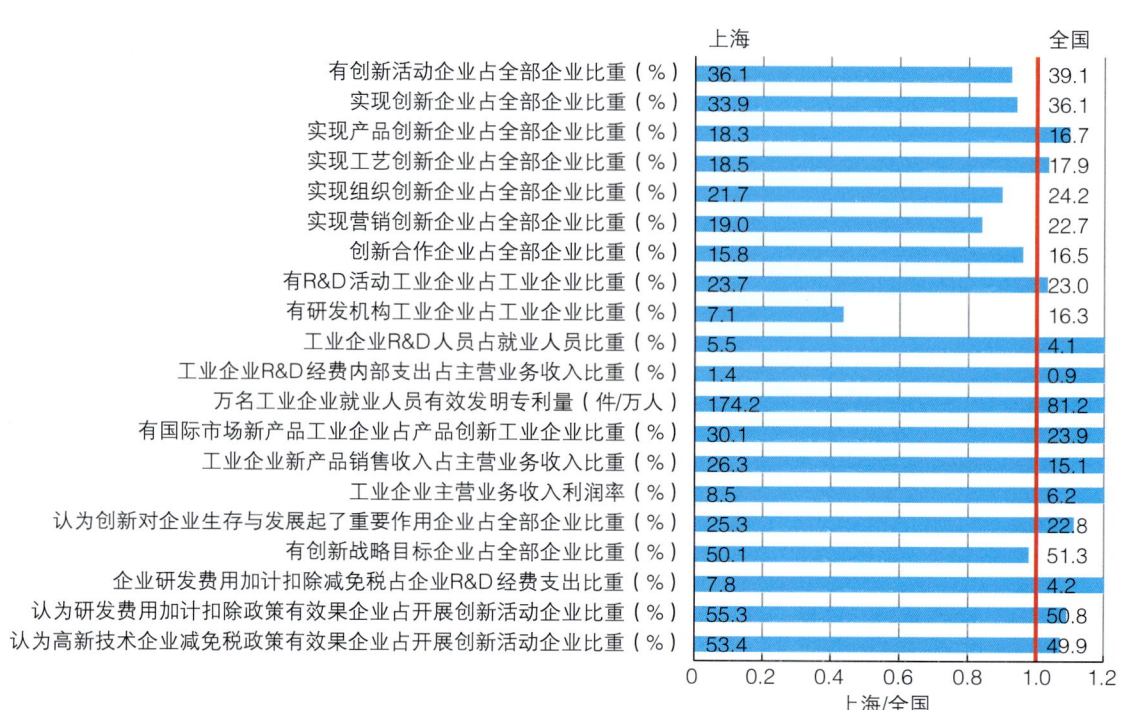

图5-17　上海企业创新情况：与全国对比

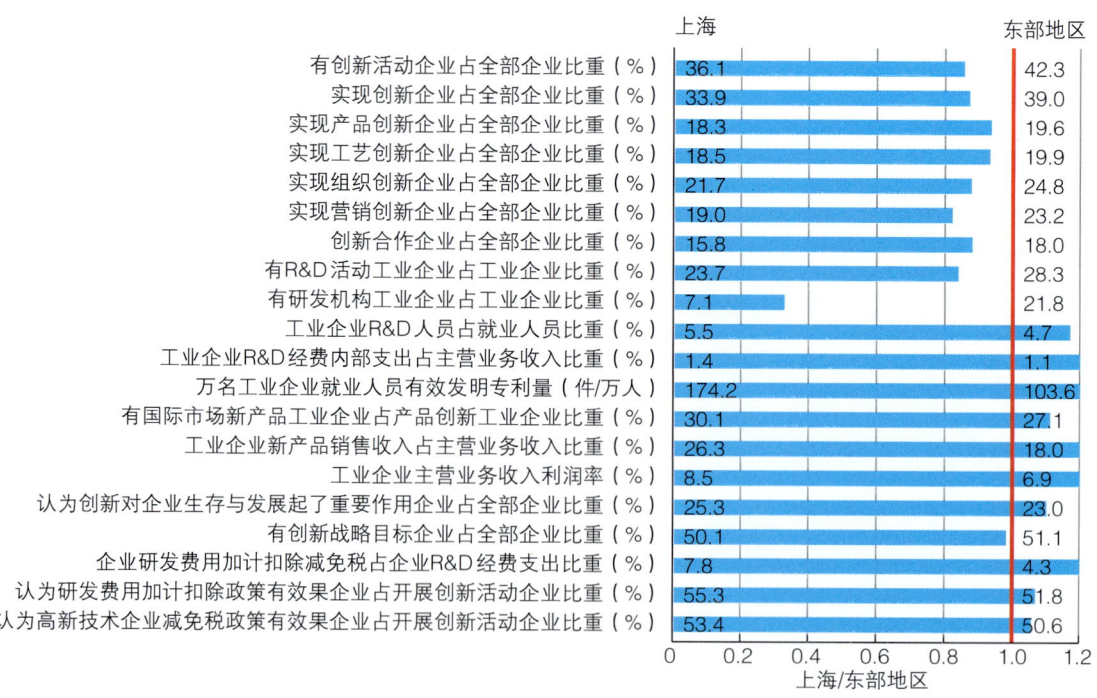

图5-18　上海企业创新情况：与东部地区对比

10.江苏

江苏有 19 个指标高于全国平均水平,创新优势突出。在有研发机构工业企业占工业企业比重、有 R&D 活动工业企业占工业企业比重和实现产品创新企业占全部企业比重方面优势明显,分别达到全国平均水平的 268.1%、174.3% 和 149.7%;相较而言,在认为创新对企业生存与发展起了重要作用企业占全部企业比重方面还有待提高,目前为全国平均水平的 92.1%(图 5-19)。

江苏有 15 个指标高于东部地区平均水平,呈创新引领之势。在有研发机构工业企业占工业企业比重方面优势最为明显,达到地区平均水平的 200.5%;为实现全面引领,还需要加强对创新重要性的认知,认为创新对企业生存与发展起了重要作用企业占全部企业比重这一指标目前为地区平均水平的 91.3%(图 5-20)。

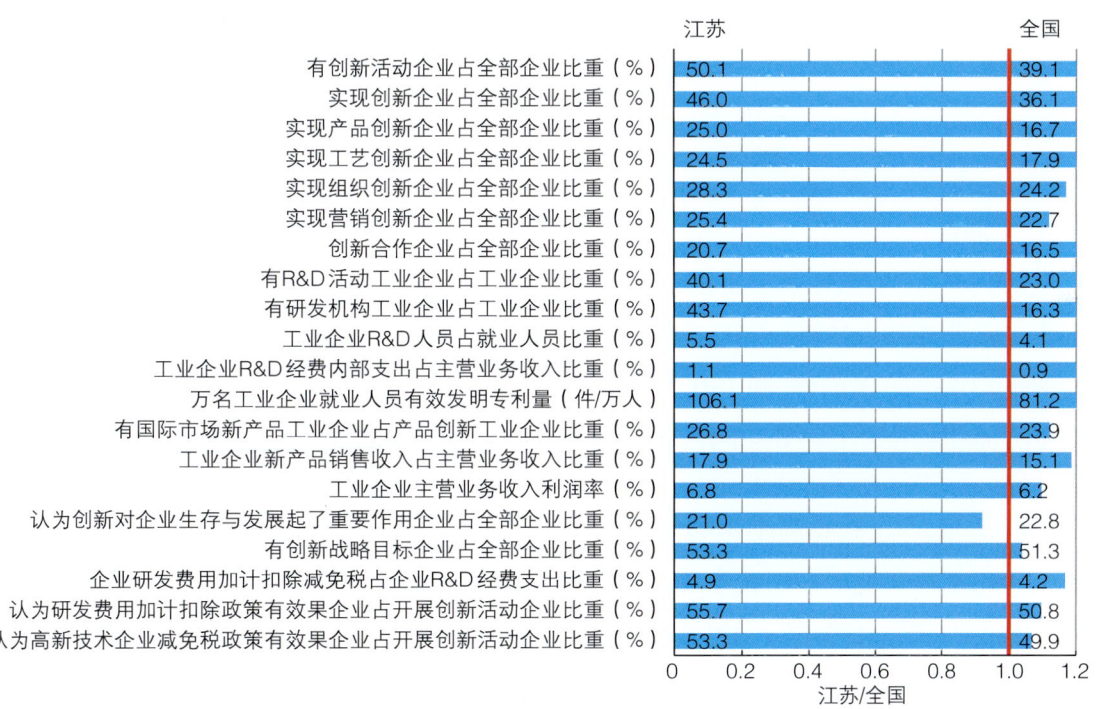

图 5-19 江苏企业创新情况:与全国对比

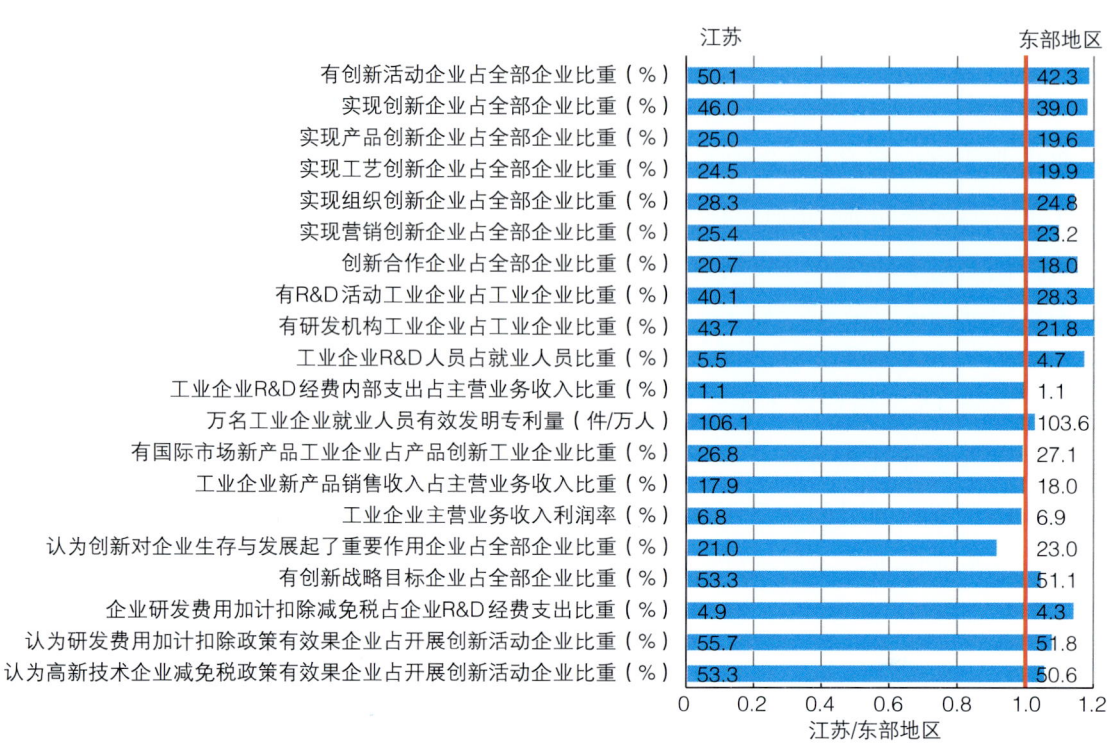

图5-20 江苏企业创新情况：与东部地区对比

11.浙江

浙江有17个指标高于全国平均水平，呈现领先之势。在工业企业新产品销售收入占主营业务收入比重、实现产品创新企业占全部企业比重方面表现突出，分别达到全国平均水平的216.6%和180.2%；相较而言，在万名工业企业就业人员有效发明专利量方面还存在较大提升空间，目前仅为全国平均水平的69.0%（图5-21）。

浙江有15个指标高于东部地区平均水平，在工业企业新产品销售收入占主营业务收入比重和实现产品创新企业占全部企业比重方面优势明显，分别为东部地区平均水平的181.7%、153.6%；相较而言，在万名工业企业就业人员有效发明专利量方面还存在较大的改进空间，目前仅为地区平均水平的54.1%（图5-22）。

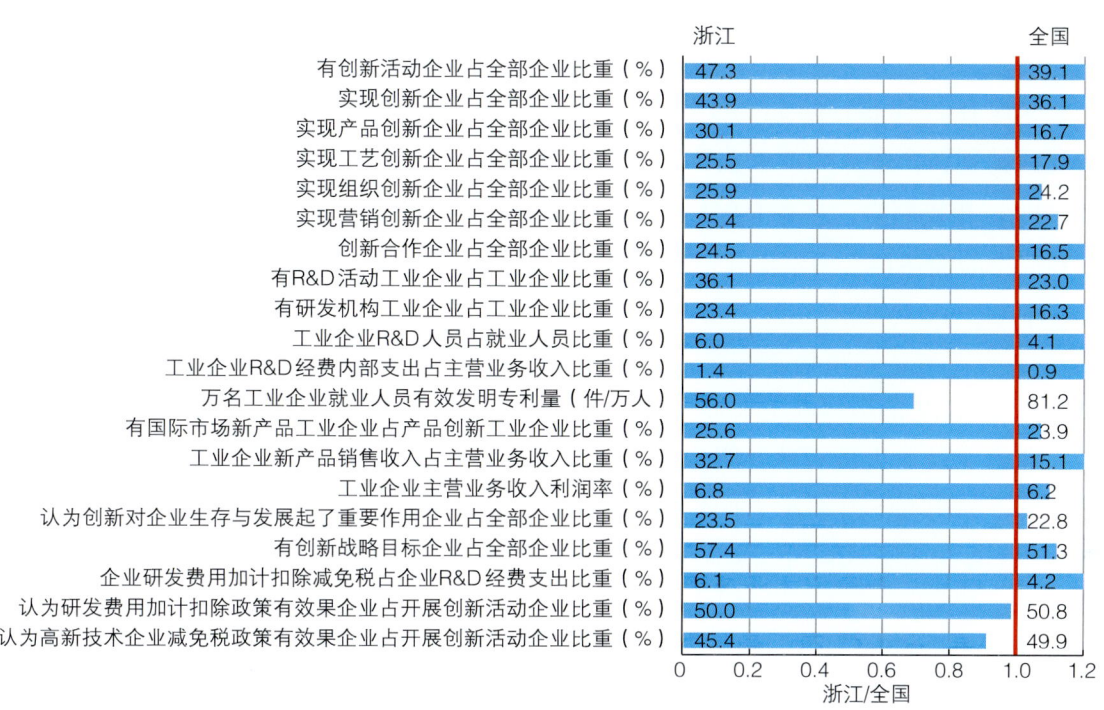

图5-21 浙江企业创新情况：与全国对比

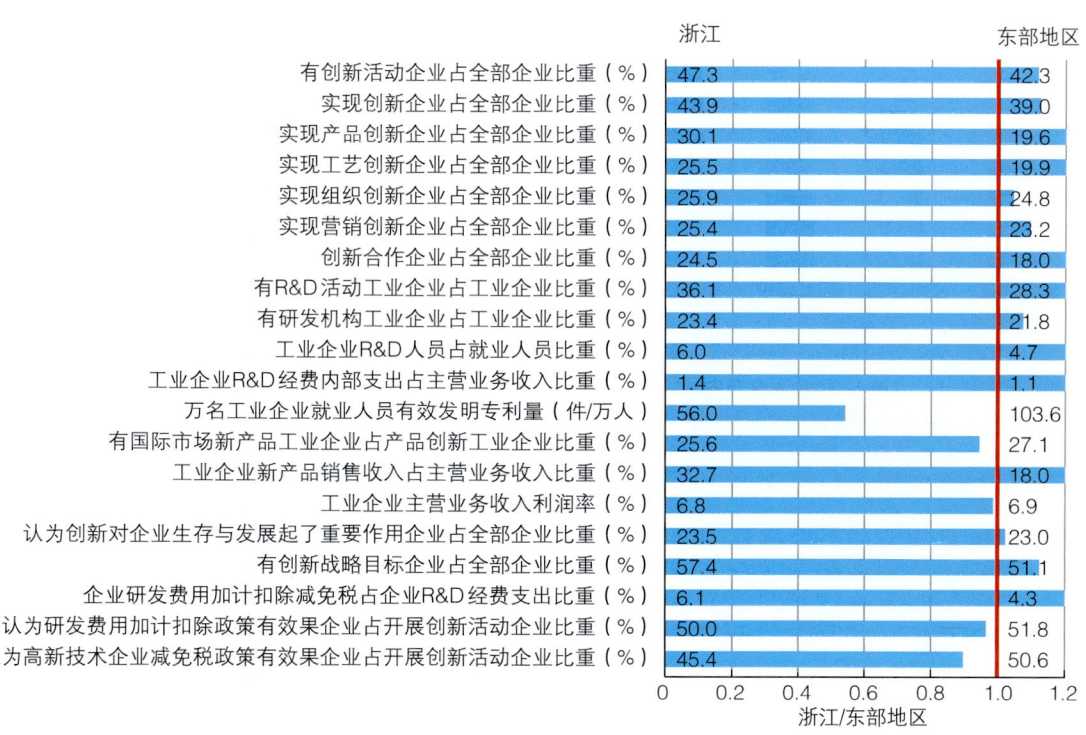

图5-22 浙江企业创新情况：与东部地区对比

第五章 我国区域企业创新能力比较分析

12.安徽

安徽有 17 个指标高于全国平均水平，在万名工业企业就业人员有效发明专利量、实现营销创新企业占全部企业比重方面优势明显，分别为全国平均水平的 155.8% 和 129.1%；相较而言，在有 R&D 活动工业企业占工业企业比重、工业企业主营业务收入利润率方面还存在一定提升空间，目前分别为全国平均水平的 84.3% 和 85.5%（图 5-23）。

安徽有 19 个指标高于中部地区平均水平，具有引领中部地区创新的实力。在万名工业企业就业人员有效发明专利量方面最为突出，达到地区平均水平的 238.7%；为实现全面引领，需要在工业企业主营业务收入利润率方面有所提升，目前该指标与地区平均水平基本持平（图 5-24）。

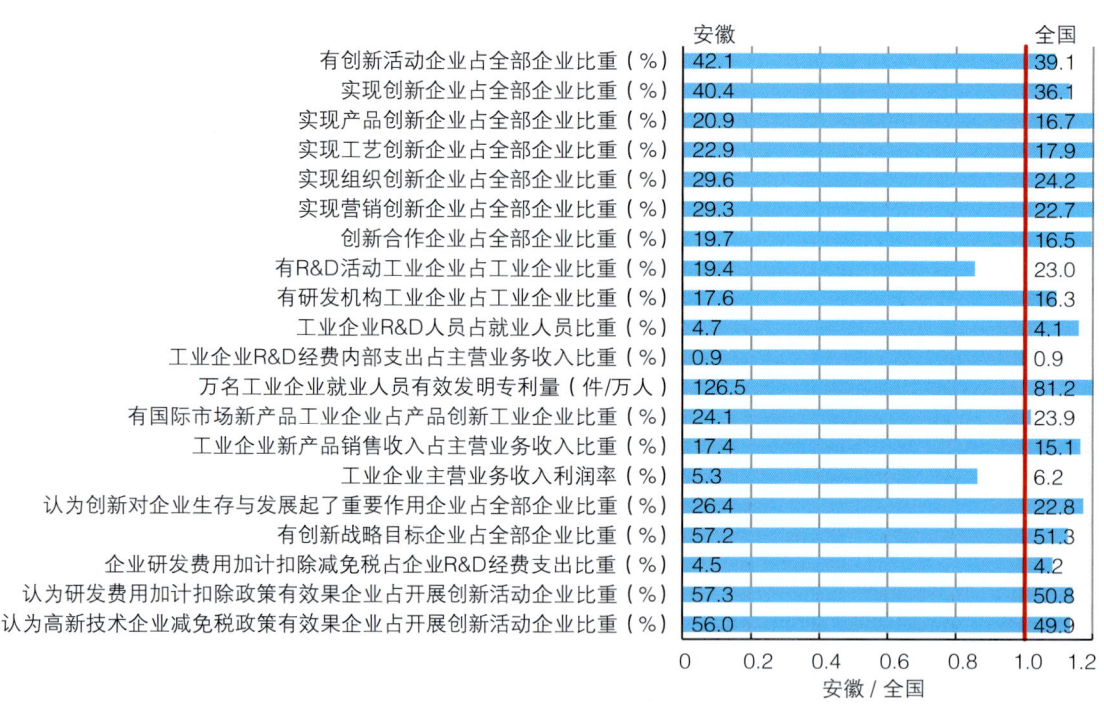

图5-23 安徽企业创新情况：与全国对比

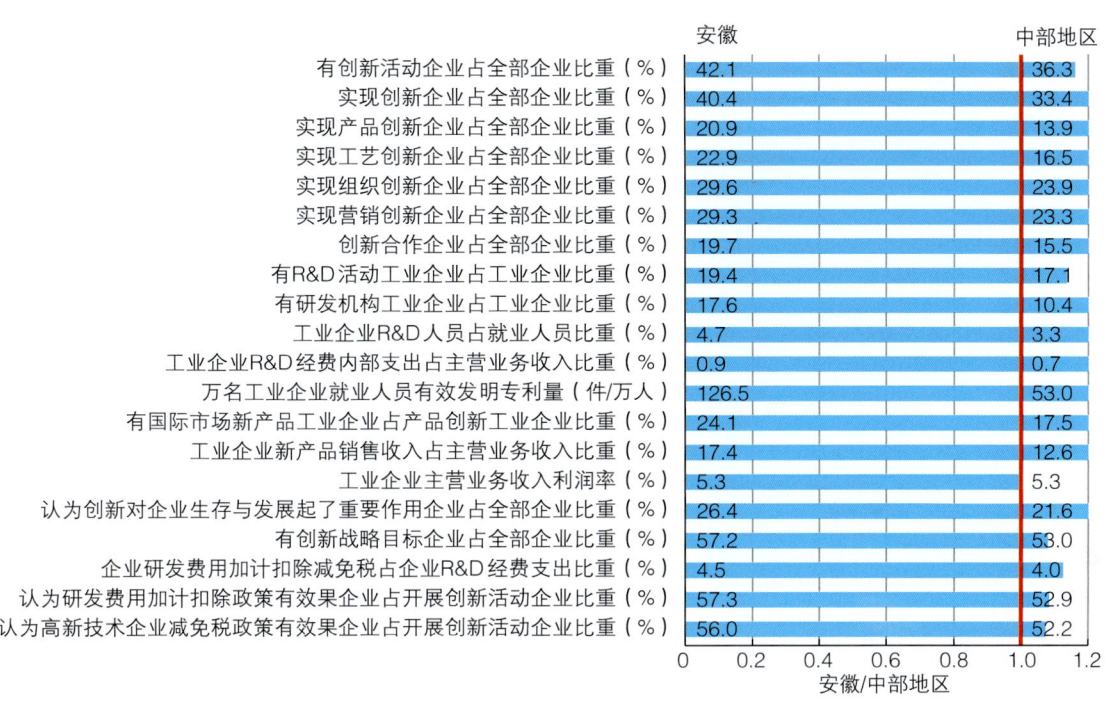

图 5-24　安徽企业创新情况：与中部地区对比

13.福建

福建有 4 个指标高于全国平均水平，在工业企业主营业务收入利润率方面优势较明显，为全国平均水平的 109.7%；相较而言，在有研发机构工业企业占工业企业比重、万名工业企业就业人员有效发明专利量方面还存在较大的改进空间，目前分别仅为全国平均水平的 49.7%、54.1%。2016 年福建高于全国平均水平的指标个数较 2014 年减少 6 个，分别是有创新活动企业占全部企业比重、实现产品创新企业占全部企业比重、实现工艺创新企业占全部企业比重、创新合作企业占全部企业比重、工业企业 R&D 经费内部支出占主营业务收入比重、认为创新对企业生存与发展起了重要作用企业占全部企业比重（图 5-25）。

福建没有指标高于东部地区平均水平，在实现营销创新企业占全部企业比重方面与地区平均水平持平；相较而言，在有研发机构工业企业占工业企业比重、万名工业企业就业人员有效发明专利量方面还存在较大改进空间，目前分别仅为地区平均水平的 37.2%、42.4%（图 5-26）。

中国企业创新能力评价报告 2018

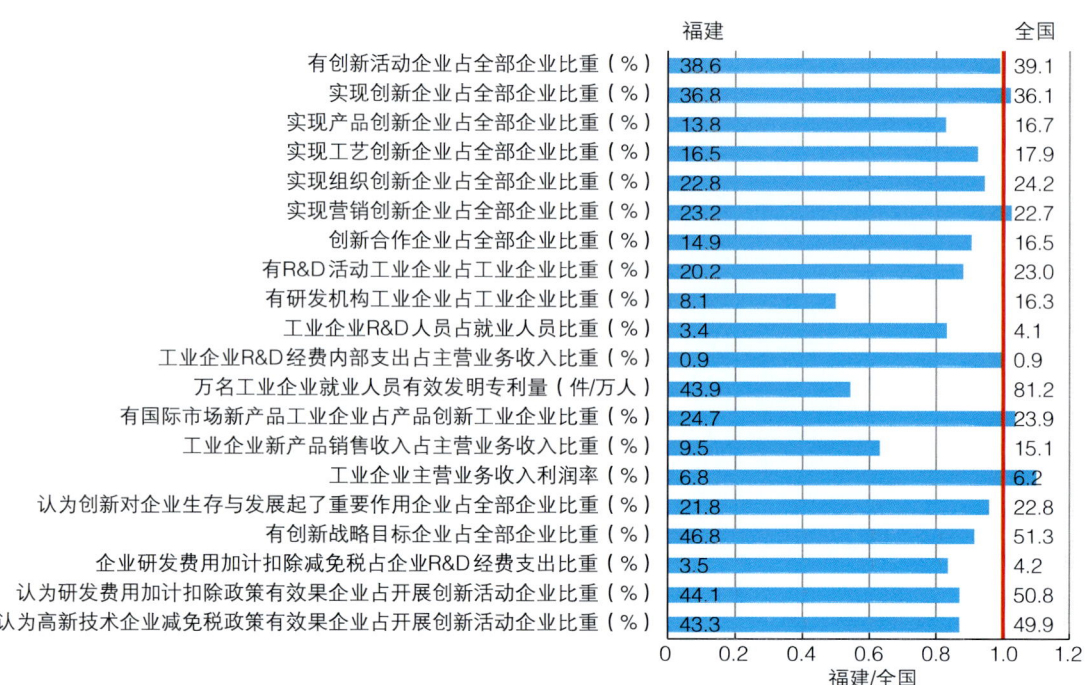

图5-25　福建企业创新情况：与全国对比

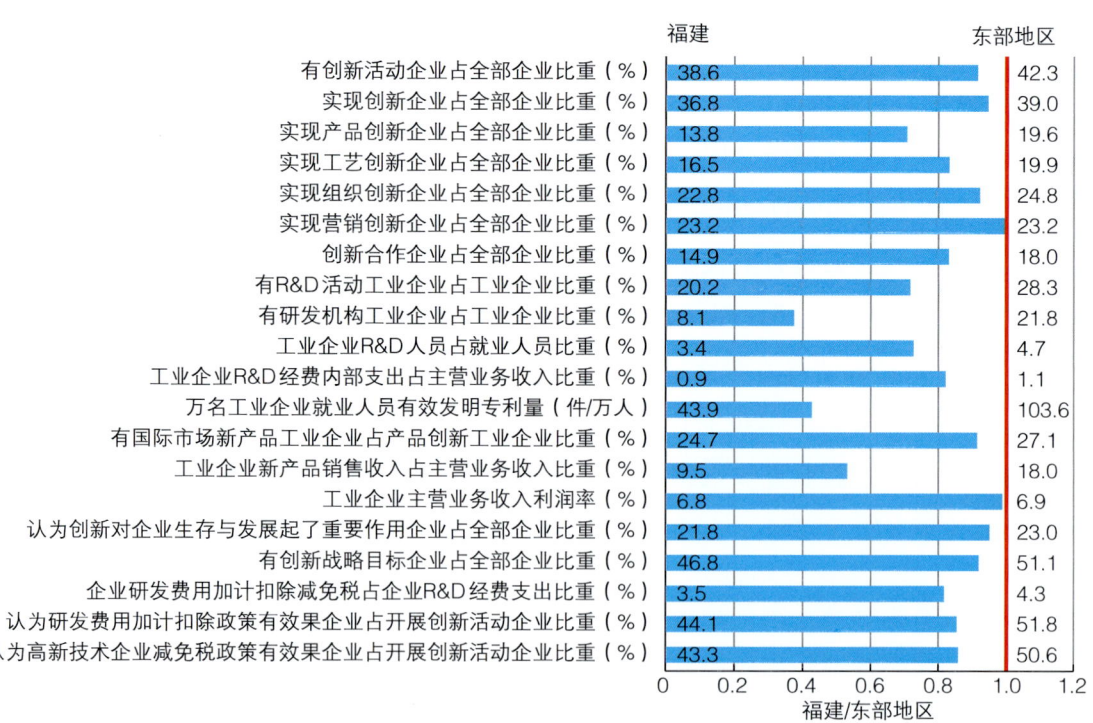

图5-26　福建企业创新情况：与东部地区对比

14.江西

江西有 6 个指标高于全国平均水平，在企业研发费用加计扣除减免税占企业 R&D 经费支出比重方面优势较为明显，达到全国平均水平的 119.0%；相较而言，在万名工业企业就业人员有效发明专利量方面还存在较大提升空间，目前仅为全国平均水平的 32.0%（图 5-27）。

江西有 11 个指标高于中部地区平均水平，在工业企业主营业务收入利润率、企业研发费用加计扣除减免税占企业 R&D 经费支出比重方面优势较为明显，分别为地区平均水平的 128.3%、125.0%；相较而言，在万名工业企业就业人员有效发明专利量方面存在较大不足，目前仅为地区平均水平的 49.1%。2016 年江西高于地区平均水平指标个数较 2014 年增加 9 个，其中，有国际市场新产品工业企业占产品创新工业企业比重有所下降，低于地区平均值；有创新活动企业占全部企业比重、实现创新企业占全部企业比重、实现产品创新企业占全部企业比重、实现工艺创新企业占全部企业比重、创新合作企业占全部企业比重、有 R&D 活动工业企业占工业企业比重、认为创新对企业生存与发展起了重要作用企业占全部企业比重、企业研发费用加计扣除减免税占企业 R&D 经费支出比重、认为研发费用加计扣除政策有效果企业占开展创新活动企业比重、认为高新技术企业减免税政策有效果企业占开展创新活动企业比重 10 个指标均有所提升，高于地区平均值（图 5-28）。

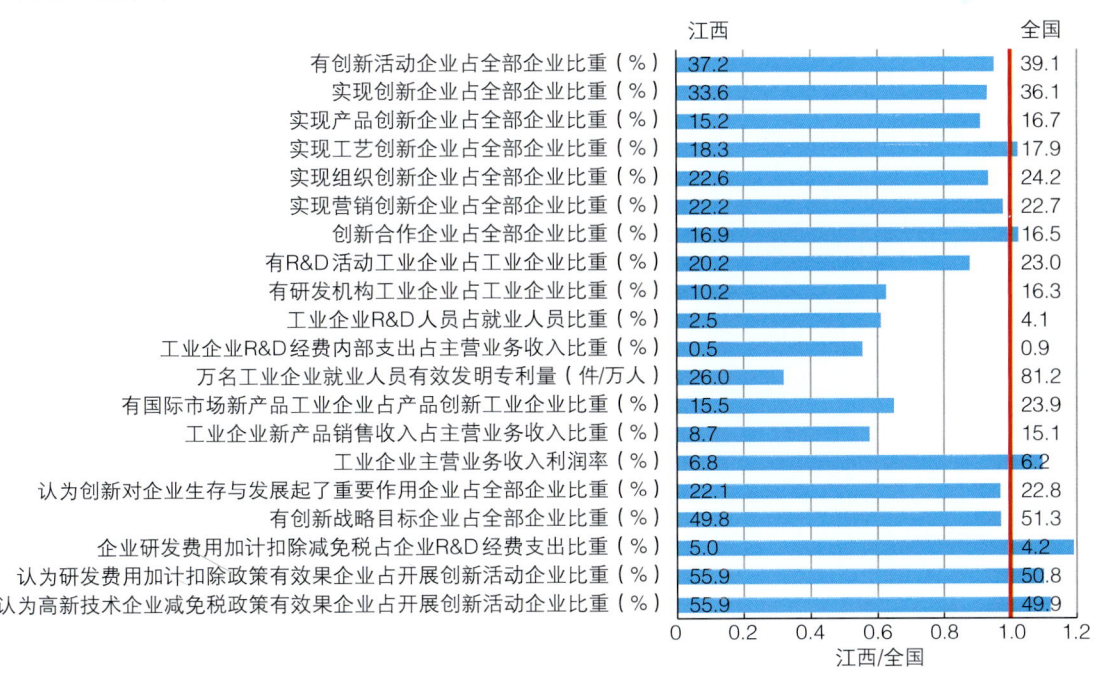

图 5-27 江西企业创新情况：与全国对比

中国企业创新能力评价报告 2018

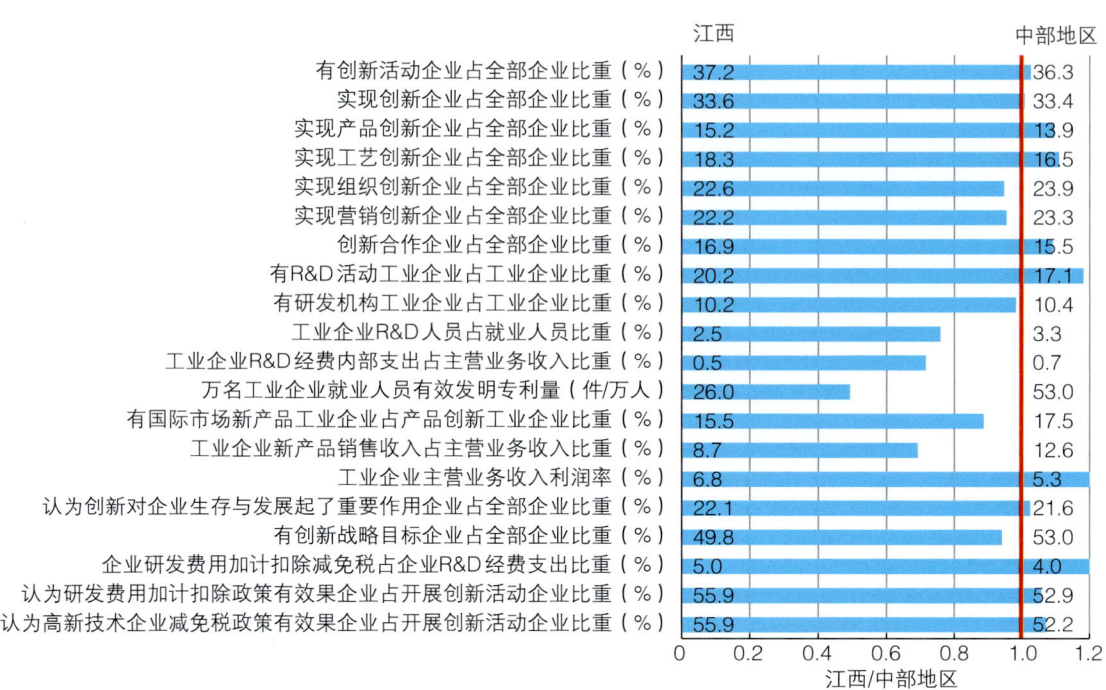

图5-28 江西企业创新情况：与中部地区对比

15.山东

山东有2个指标（认为研发费用加计扣除政策有效果企业占开展创新活动企业比重、认为高新技术企业减免税政策有效果企业占开展创新活动企业比重）高于全国平均水平，分别为全国平均水平的109.8%、108.4%；相较而言，在企业研发费用加计扣除减免税占企业R&D经费支出比重、有研发机构工业企业占工业企业比重方面仍存在较大不足，目前分别仅为全国平均水平的31.0%、50.9%（图5-29）。

山东有2个指标（认为研发费用加计扣除政策有效果企业占开展创新活动企业比重、认为高新技术企业减免税政策有效果企业占开展创新活动企业比重）高于东部地区平均水平，分别为地区平均水平的107.7%和106.9%；相较而言，在企业研发费用加计扣除减免税占企业R&D经费支出比重、有研发机构工业企业占工业企业比重方面仍存在较大提升空间，目前分别仅为地区平均水平的30.2%和38.1%（图5-30）。

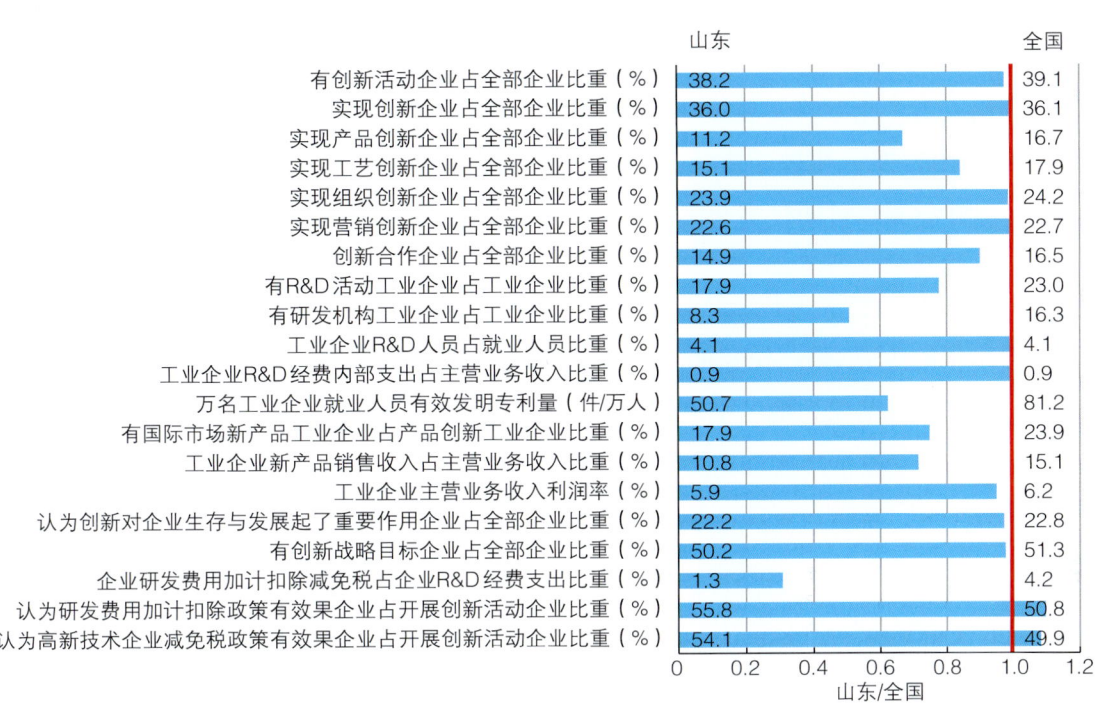

图5-29 山东企业创新情况：与全国对比

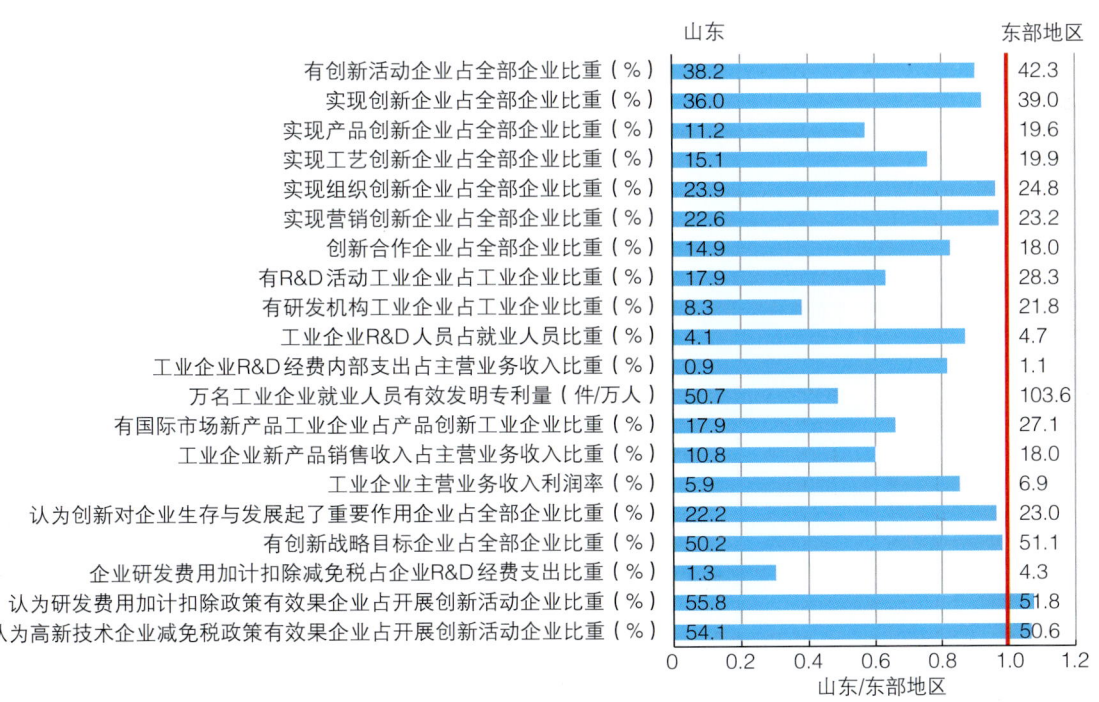

图5-30 山东企业创新情况：与东部地区对比

16. 河南

河南有1个指标（工业企业主营业务收入利润率）高于全国平均水平，为全国平均水平的106.5%；相较而言，在万名工业企业就业人员有效发明专利量方面仍存在较大的提升空间，目前仅为全国平均水平的27.0%（图5-31）。

河南有1个指标（工业企业主营业务收入利润率）高于中部地区平均水平，为地区平均水平的124.5%；相较而言，在万名工业企业就业人员有效发明专利量方面存在较大不足，目前仅为地区平均水平的41.3%（图5-32）。

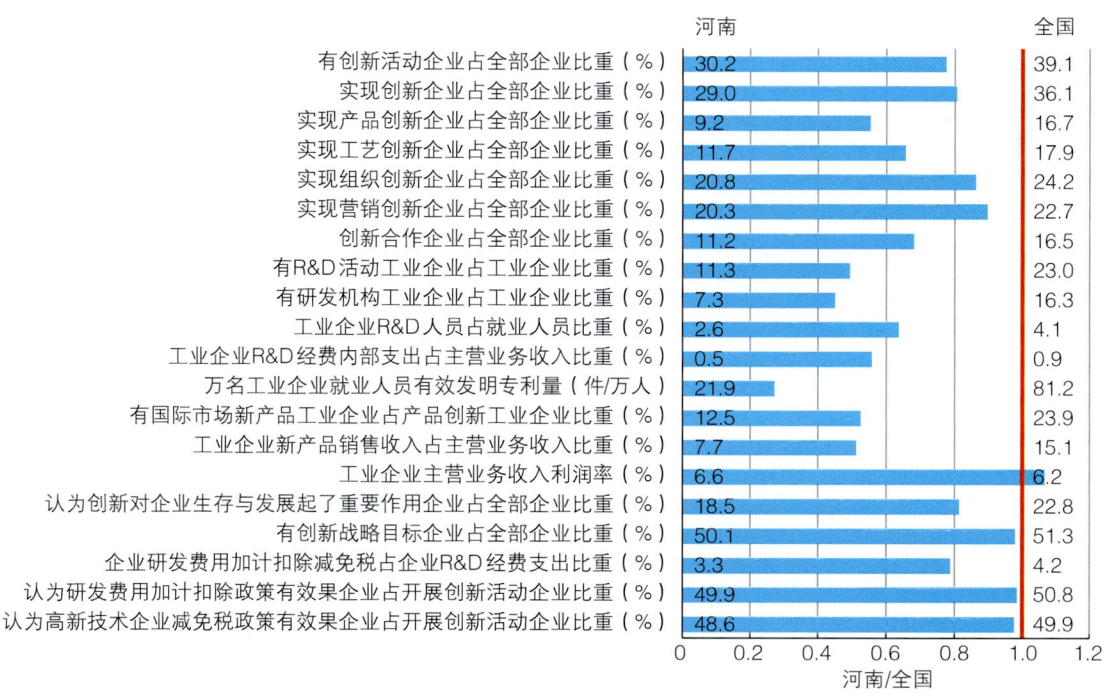

图5-31　河南企业创新情况：与全国对比

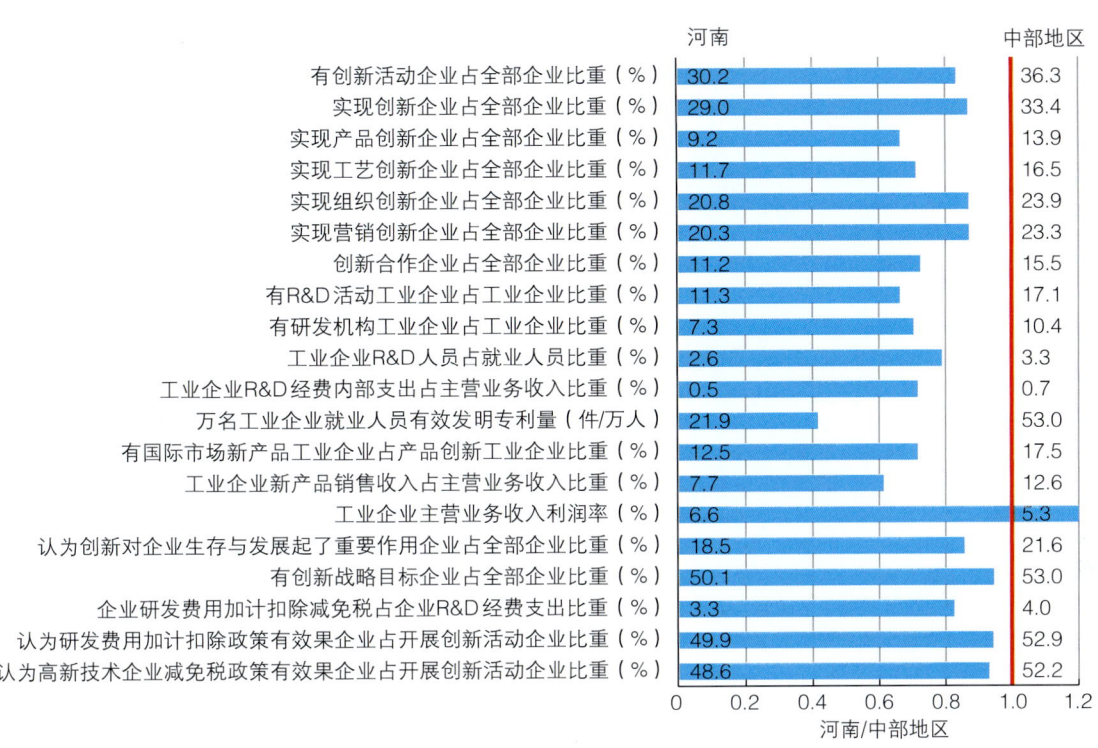

图5-32 河南企业创新情况：与中部地区对比

17.湖北

湖北有 7 个指标高于全国平均水平，在工业企业 R&D 经费内部支出占主营业务收入比重方面优势较明显，为全国平均水平的 111.1%；相较而言，在有研发机构工业企业占工业企业比重方面还存在较大的发展潜力，目前仅为全国平均水平的 38.0%。整体而言，2016 年湖北高于全国平均水平的指标个数较 2014 年减少 5 个，分别是有创新活动企业占全部企业比重、实现创新企业占全部企业比重、实现产品创新企业占全部企业比重、实现工艺创新企业占全部企业比重、企业研发费用加计扣除减免税占企业 R&D 经费支出比重（图 5-33）。

湖北有 14 个指标高于中部地区平均水平，在工业企业 R&D 经费内部支出占主营业务收入比重、万名工业企业就业人员有效发明专利量方面优势较为明显，分别达到地区平均水平的 142.9% 和 131.5%；相较而言，在有研发机构工业企业占工业企业比重方面存在较大不足，目前仅为地区平均水平的 59.6%（图 5-34）。

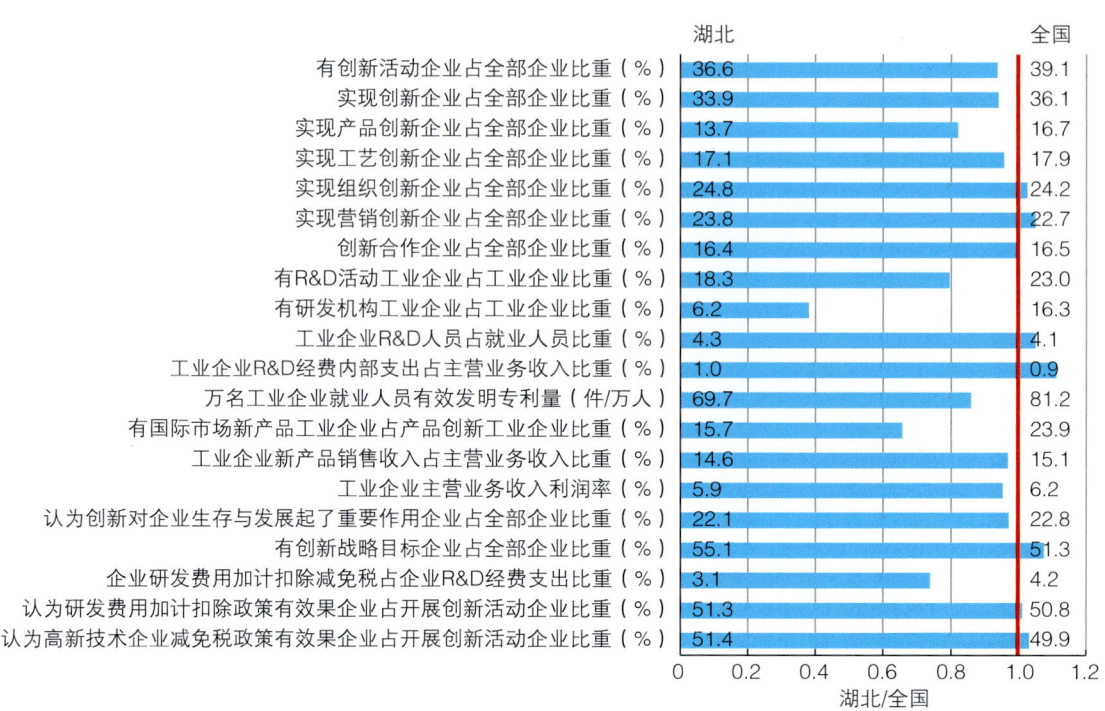

图 5-33 湖北企业创新情况：与全国对比

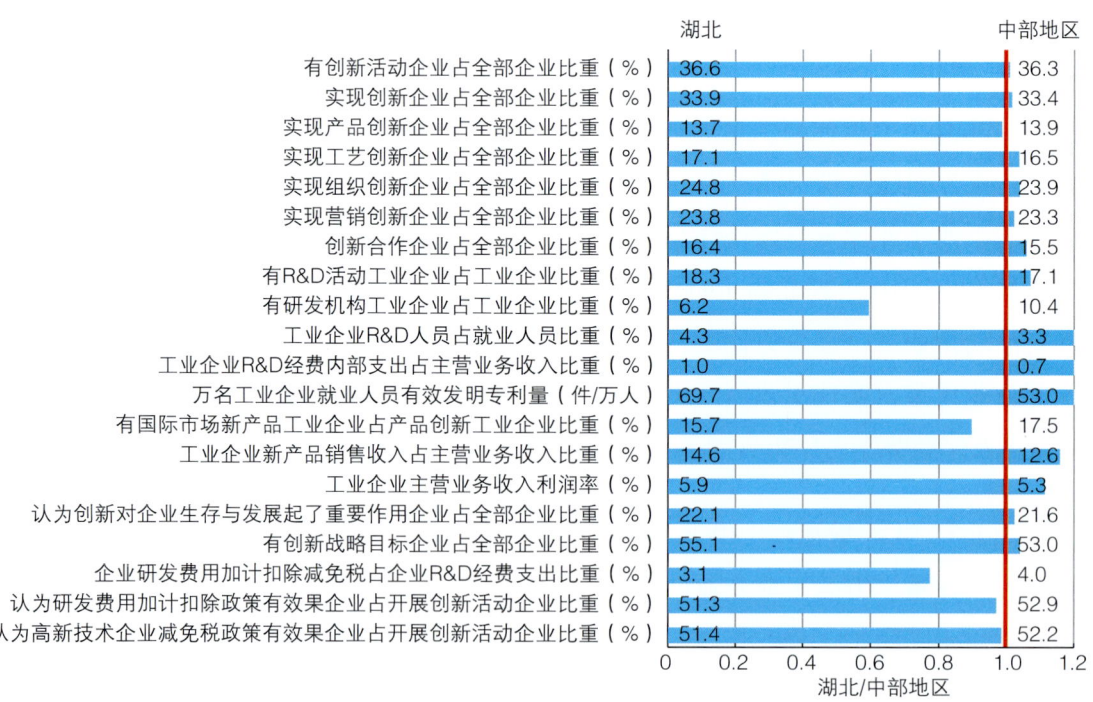

图 5-34 湖北企业创新情况：与中部地区对比

18.湖南

湖南有 9 个指标高于全国平均水平，在工业企业新产品销售收入占主营业务收入比重方面优势明显，为全国平均水平的 137.1%；相较而言，在有国际市场新产品工业企业占产品创新工业企业比重、有研发机构工业企业占工业企业比重方面仍存在较大的提升空间，目前分别为全国平均水平的 60.7%、68.1%（图 5-35）。

湖南有 14 个指标高于中部地区平均水平，在工业企业新产品销售收入占主营业务收入比重、工业企业 R&D 经费内部支出占主营业务收入比重方面表现突出，分别达到地区平均水平的 164.3%、142.9%；相较而言，在有国际市场新产品工业企业占产品创新工业企业比重方面提升空间较大，目前为地区平均水平的 82.9%（图 5-36）。

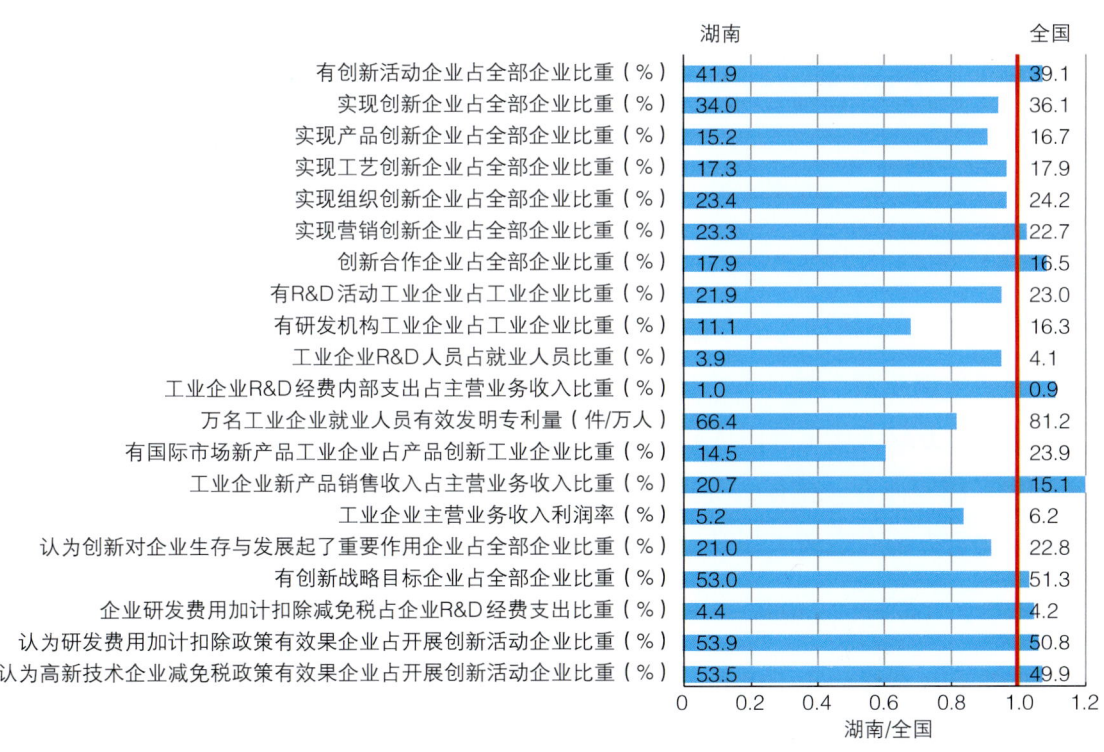

图5-35 湖南企业创新情况：与全国对比

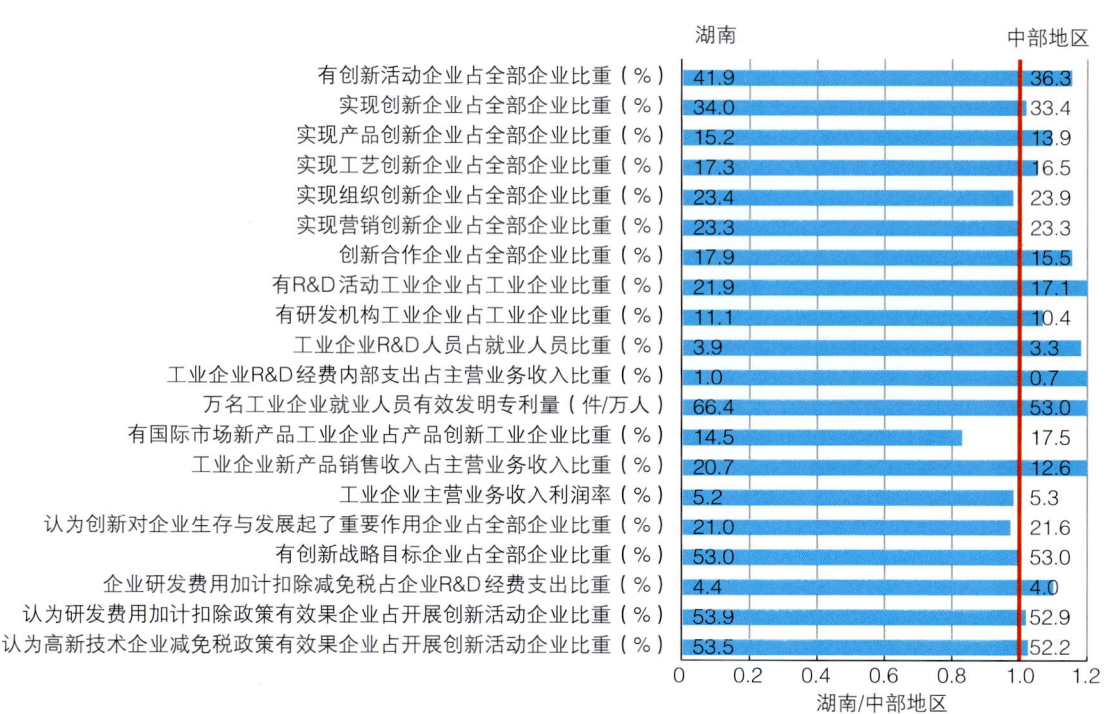

图5-36　湖南企业创新情况：与中部地区对比

19.广东

广东有13个指标高于全国平均水平，在万名工业企业就业人员有效发明专利量、有国际市场新产品工业企业占产品创新工业企业比重和工业企业新产品销售收入占主营业务收入比重方面优势明显，分别达到全国平均水平的203.2%、158.2%和147.0%；相较而言，在有创新战略目标企业占全部企业比重、实现组织创新企业占全部企业比重方面存在较大提升空间，目前分别为全国平均水平的88.3%、88.8%（图5-37）。

广东有8个指标高于东部地区平均水平，在万名工业企业就业人员有效发明专利量、有国际市场新产品工业企业占产品创新工业企业比重方面优势明显，分别达到地区平均水平的159.3%和139.5%；相较而言，在实现创新企业占全部企业比重方面还存在提升空间，目前为地区平均水平的83.3%（图5-38）。

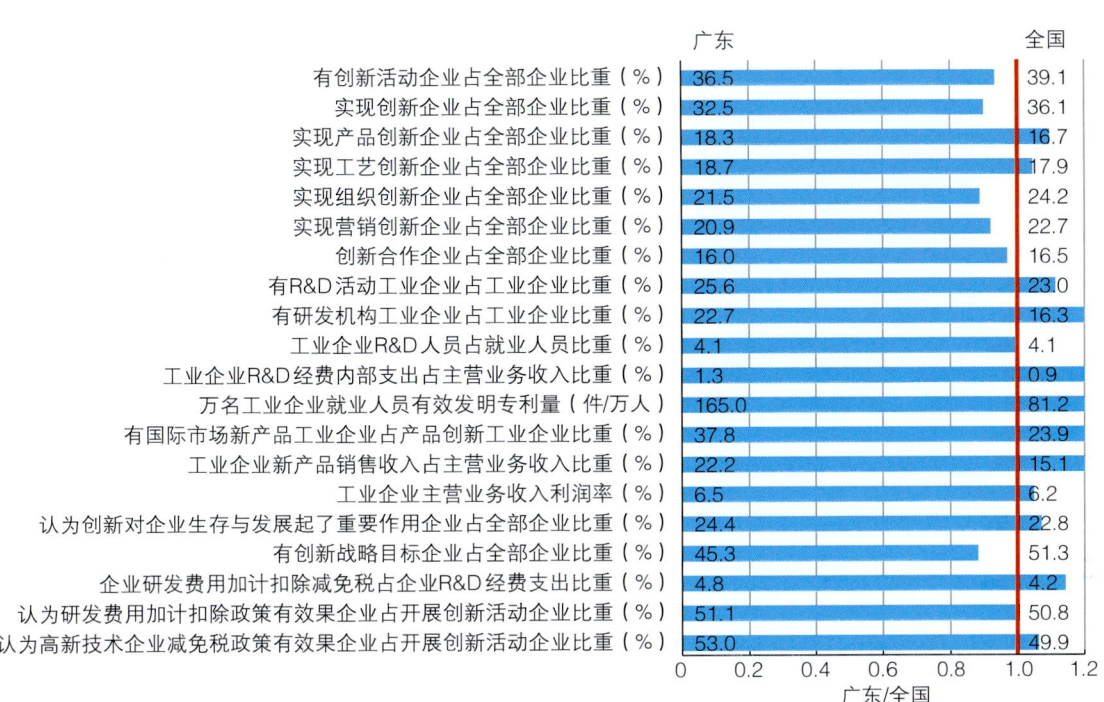

图5-37 广东企业创新情况：与全国对比

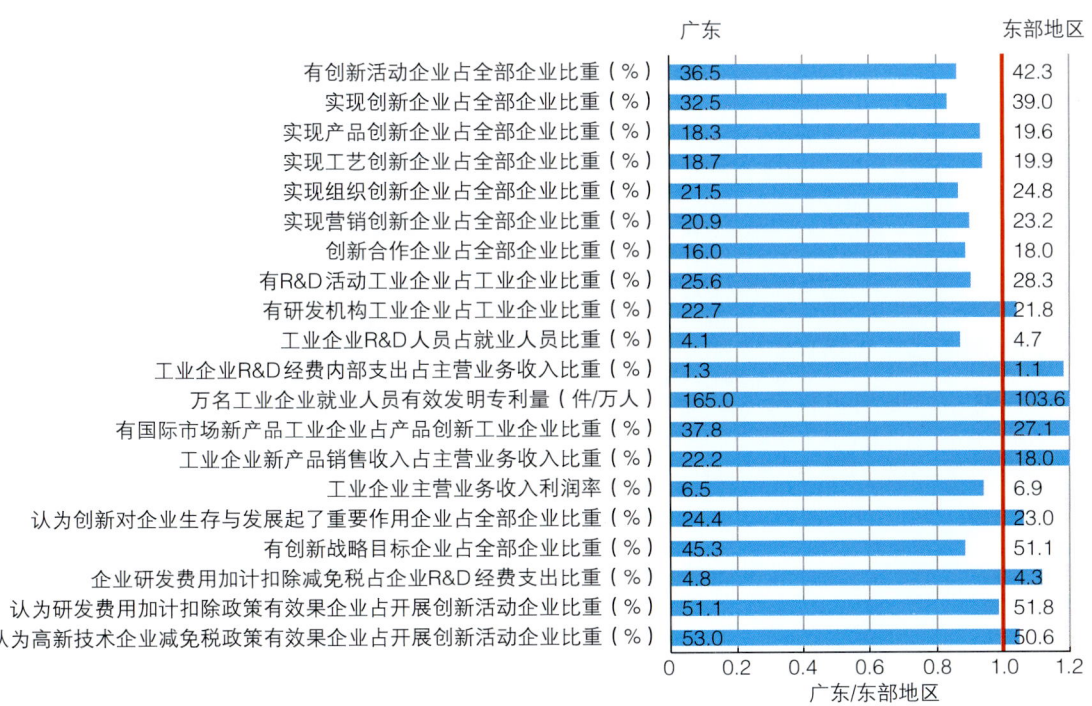

图5-38 广东企业创新情况：与东部地区对比

20.广西

广西有 3 个指标高于全国平均水平,其中,认为创新对企业生存与发展起了重要作用企业占全部企业比重为全国平均水平的 111.4%;相较而言,在有研发机构工业企业占工业企业比重方面还存在较大的提升空间,目前仅为全国平均水平的 26.4%(图 5-39)。

广西有 4 个指标高于西部地区平均水平,其中,有国际市场新产品工业企业占产品创新工业企业比重为地区平均水平的 122.3%;相较而言,在工业企业 R&D 人员占就业人员比重、工业企业 R&D 经费内部支出占主营业务收入比重和有研发机构工业企业占工业企业比重方面存在较大的提升空间,分别仅为地区平均水平的 54.8%、57.1% 和 57.3%(图 5-40)。

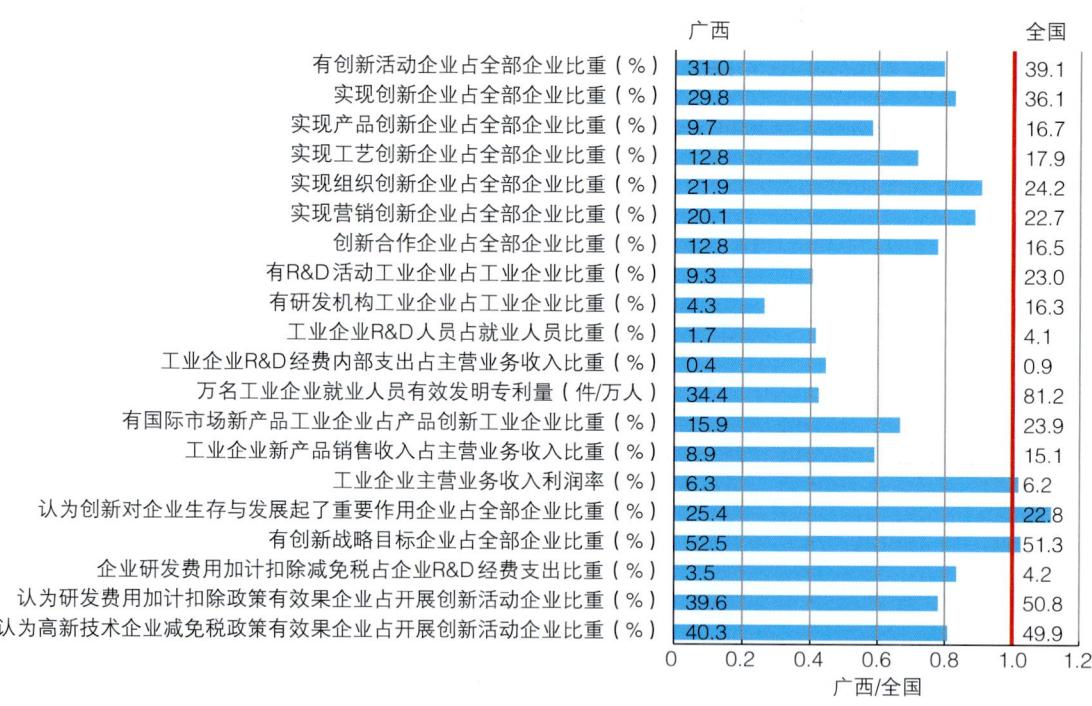

图5-39 广西企业创新情况:与全国对比

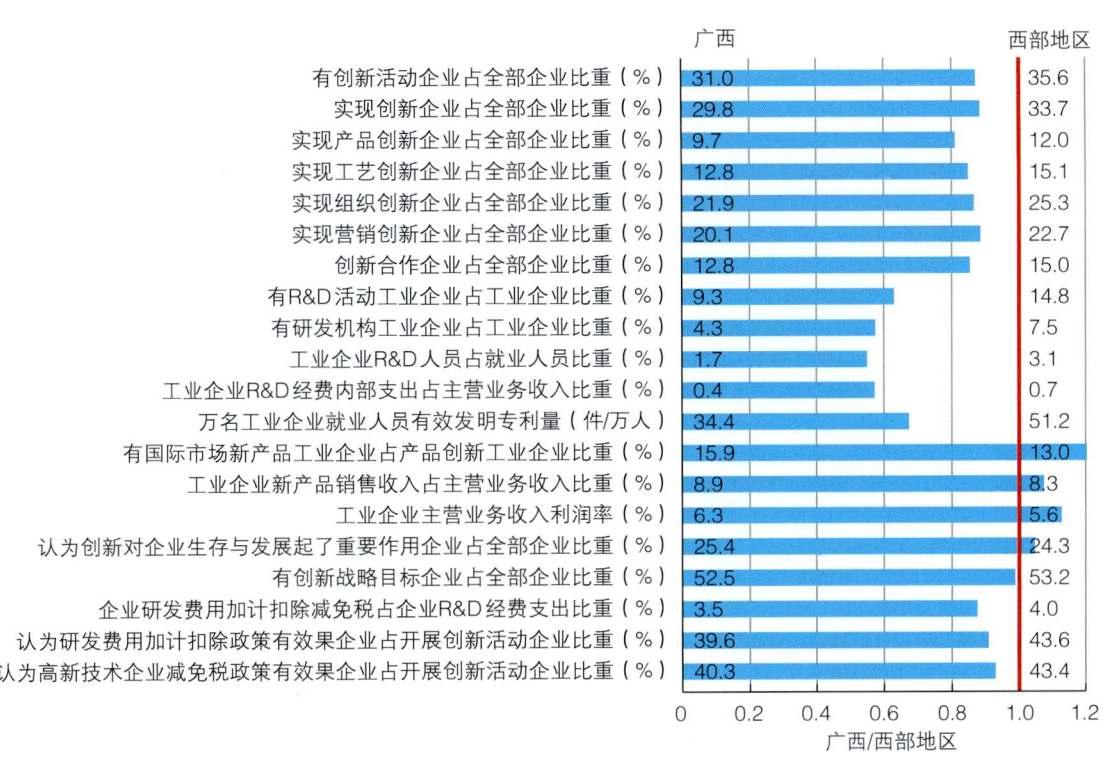

图5-40 广西企业创新情况：与西部地区对比

21.海南

海南有4个指标高于全国平均水平，在万名工业企业就业人员有效发明专利量、认为创新对企业生存与发展起了重要作用企业占全部企业比重方面优势明显，分别达到全国平均水平的187.7%、125.9%；相较而言，在有研发机构工业企业占工业企业比重、工业企业新产品销售收入占主营业务收入比重方面还存在较大潜力，分别仅为全国平均水平的47.2%、50.3%（图5-41）。

海南有4个指标高于东部地区平均水平，在万名工业企业就业人员有效发明专利量方面优势明显，为地区平均水平的147.1%；相较而言，在有研发机构工业企业占工业企业比重、工业企业新产品销售收入占主营业务收入比重方面还存在较大改进空间，目前分别仅为地区平均水平的35.3%、42.2%（图5-42）。

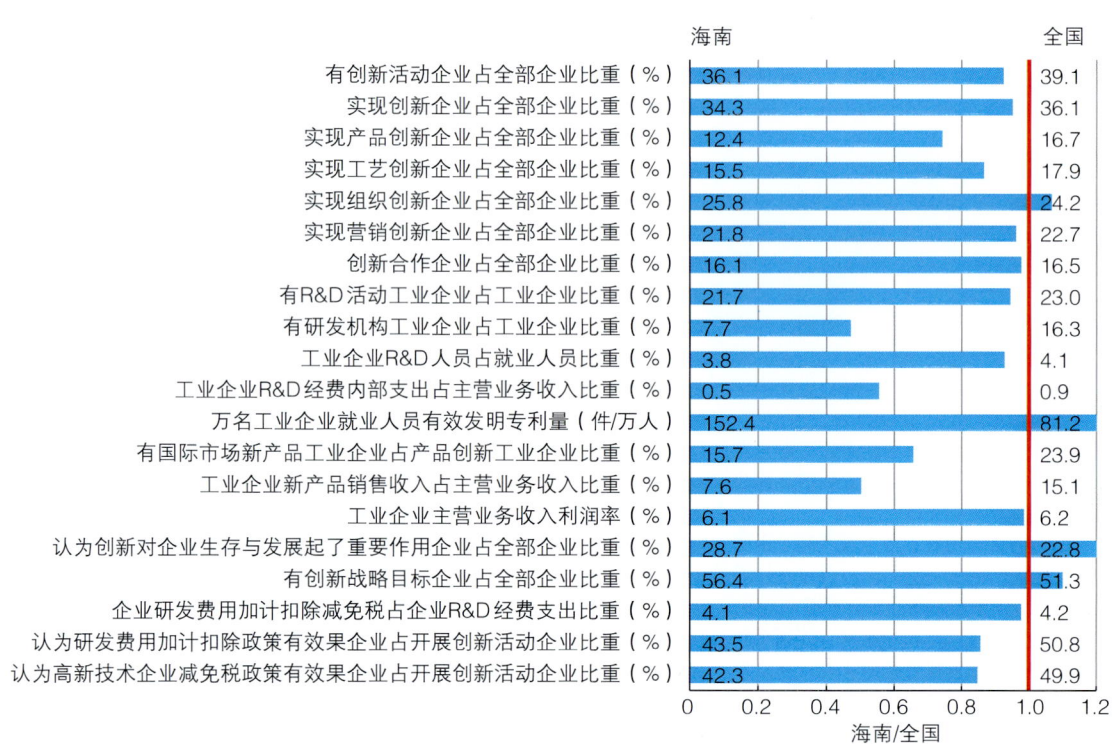

图5-41 海南企业创新情况：与全国对比

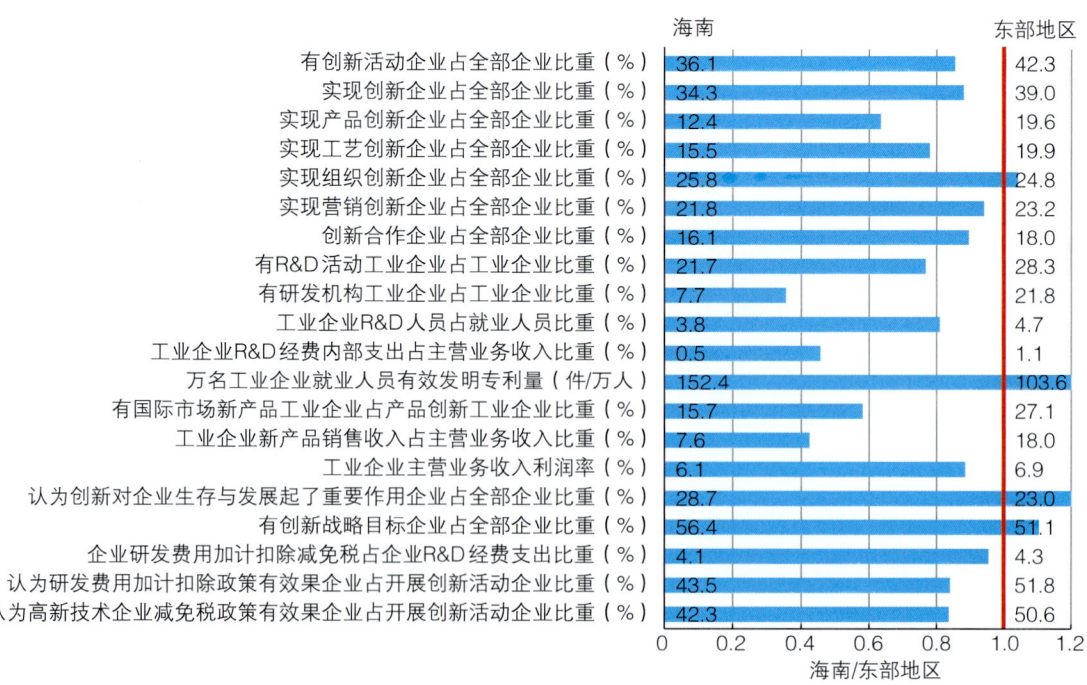

图5-42 海南企业创新情况：与东部地区对比

22.重庆

重庆有7个指标高于全国平均水平，在工业企业新产品销售收入占主营业务收入比重方面优势明显，为全国平均水平的141.1%；相较而言，在万名工业企业就业人员有效发明专利量、有国际市场新产品工业企业占产品创新工业企业比重方面还存在较大的提升空间，目前分别仅为全国平均水平的54.2%和56.1%（图5-43）。

重庆有15个指标高于西部地区平均水平，在工业企业新产品销售收入占主营业务收入比重、有研发机构工业企业占工业企业比重方面优势明显，分别达到地区平均水平的256.6%、181.3%；相较而言，在万名工业企业就业人员有效发明专利量、企业研发费用加计扣除减免税占企业R&D经费支出比重方面还存在较大提升空间，目前分别为地区平均水平的85.9%、87.5%。2016年重庆高于地区平均水平的指标个数较2014年增加4个，主要是因为有创新活动企业占全部企业比重、实现创新企业占全部企业比重、实现工艺创新企业占全部企业比重、实现营销创新企业占全部企业比重和创新合作企业占全部企业比重5个指标由2014年低于地区平均值转变为高于地区平均值，而万名工业企业就业人员有效发明专利量由2014年高于地区平均值转变为低于地区平均值（图5-44）。

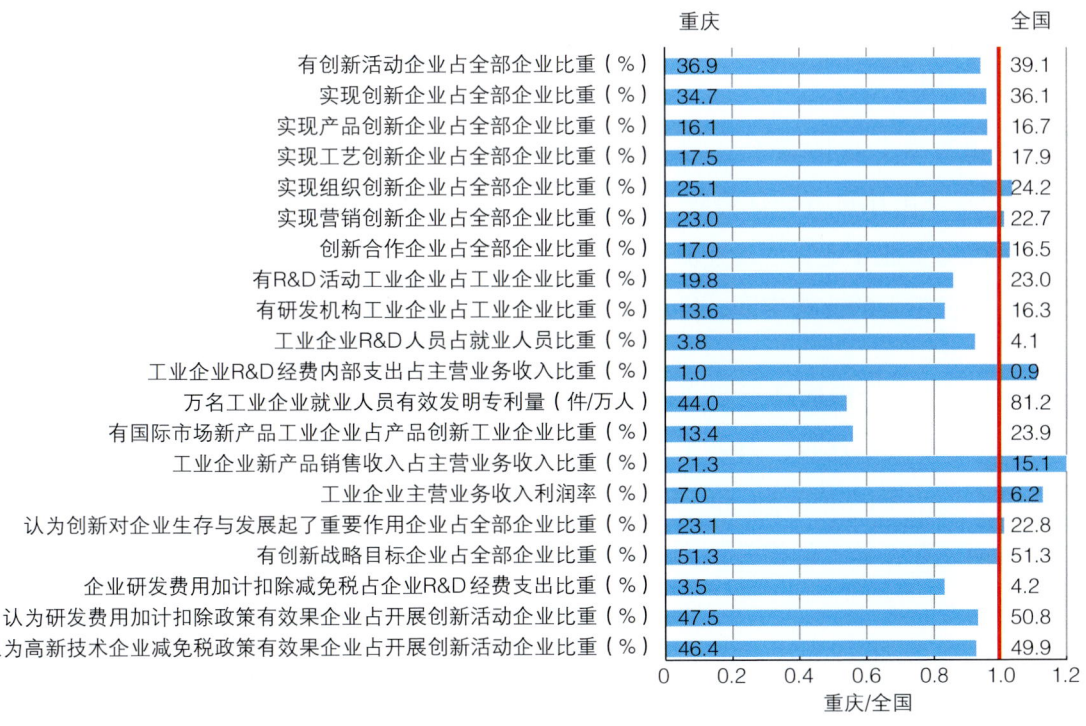

图5-43　重庆企业创新情况：与全国对比

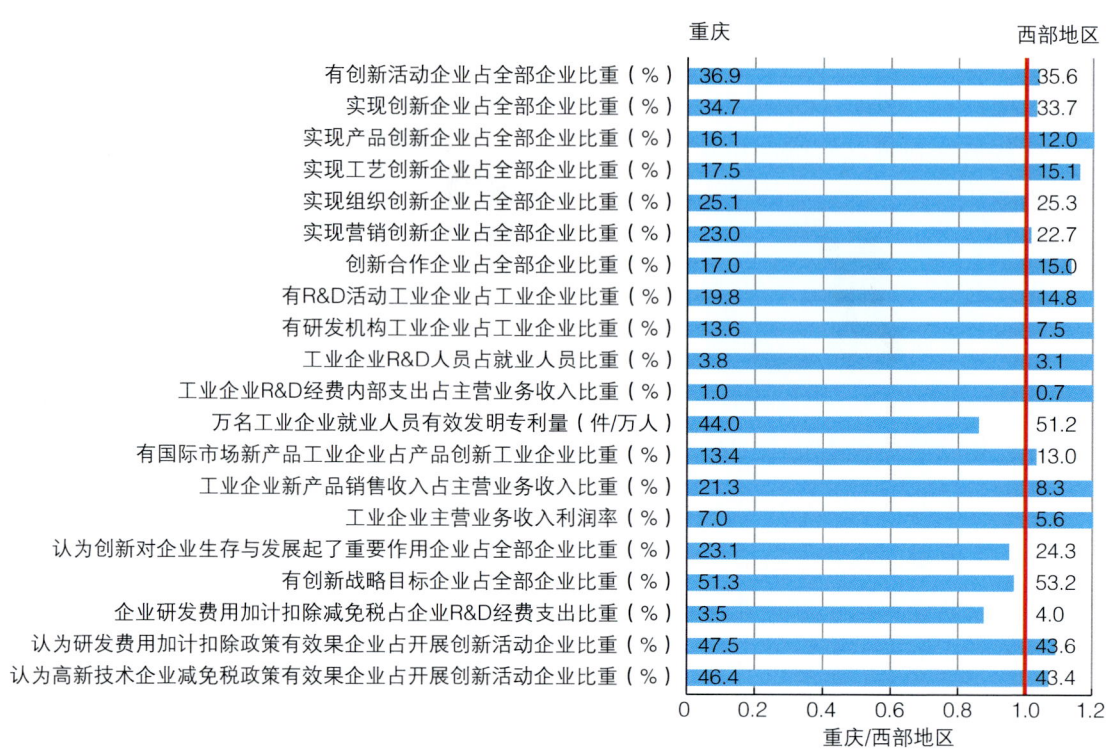

图5-44 重庆企业创新情况：与西部地区对比

23.四川

四川有 5 个指标高于全国平均水平，在企业研发费用加计扣除减免税占企业 R&D 经费支出比重方面优势较为明显，达到全国平均水平的 145.2%；相较而言，在有研发机构工业企业占工业企业比重、工业企业新产品销售收入占主营业务收入比重方面还存在较大的改进空间，目前仅为全国平均水平的 35.6% 和 48.3%（图 5-45）。

四川有 13 个指标高于西部地区平均水平，在企业研发费用加计扣除减免税占企业 R&D 经费支出比重、万名工业企业就业人员有效发明专利量方面优势明显，分别为地区平均水平的 152.5% 和 139.1%；相较而言，在有研发机构工业企业占工业企业比重方面还存在较大的提升空间，目前为地区平均水平的 77.3%（图 5-46）。

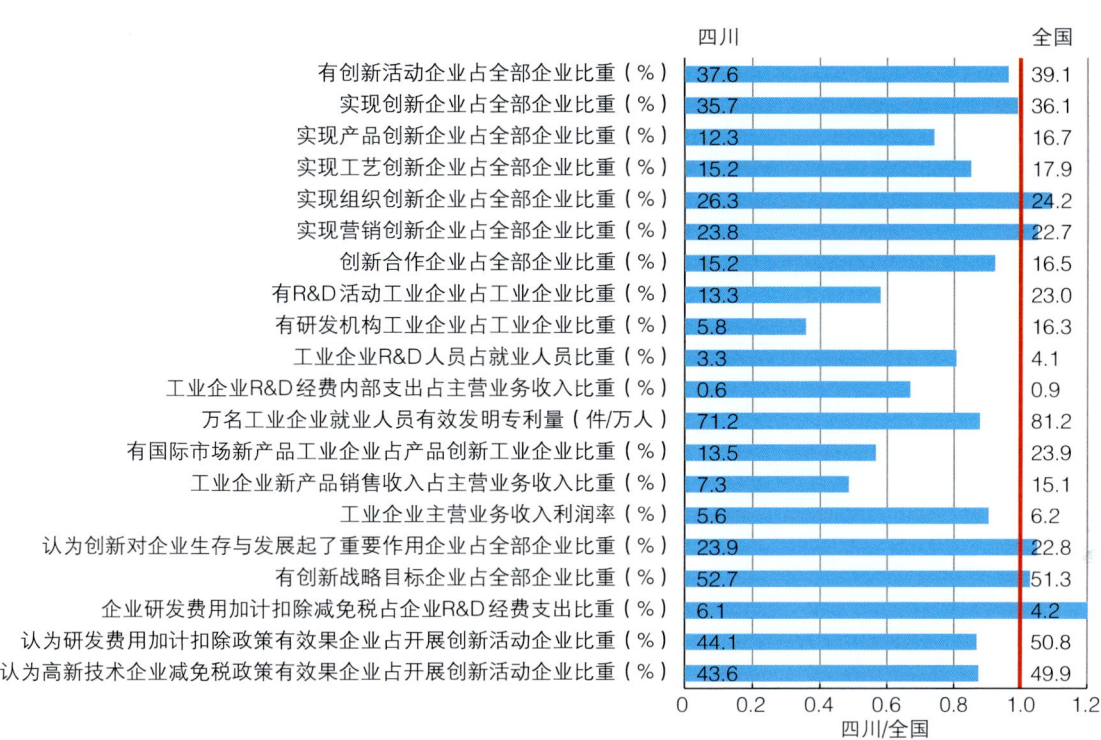

图5-45 四川企业创新情况：与全国对比

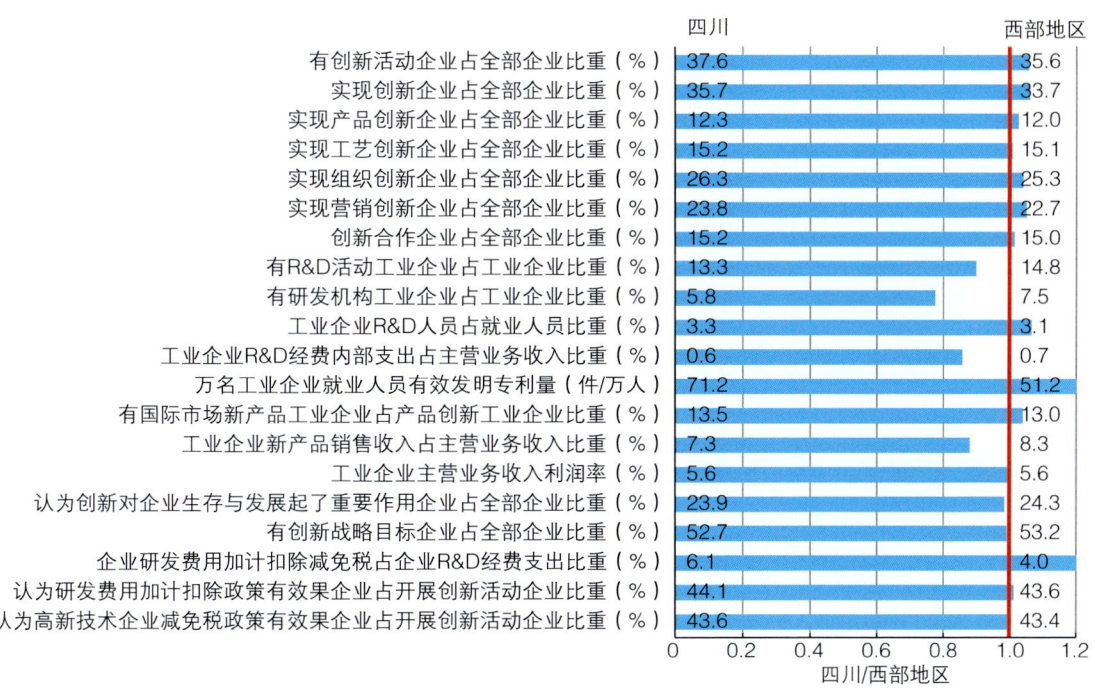

图5-46 四川企业创新情况：与西部地区对比

24.贵州

贵州有 5 个指标高于全国平均水平，在工业企业主营业务收入利润率方面优势明显，为全国平均水平的 122.6%；相较而言，在工业企业新产品销售收入占主营业务收入比重、有国际市场新产品工业企业占产品创新工业企业比重方面还存在较大的改进空间，分别仅为全国平均水平的 33.8%、42.3%（图 5-47）。

贵州有 6 个指标高于西部地区平均水平，在工业企业主营业务收入利润率方面优势明显，为地区平均水平的 135.7%；相较而言，在企业研发费用加计扣除减免税占企业 R&D 经费支出比重、工业企业新产品销售收入占主营业务收入比重方面还存在较大的提升空间，分别仅为地区平均水平的 57.5% 和 61.4%（图 5-48）。

25.云南

云南有 8 个指标高于全国平均水平，在认为创新对企业生存与发展起了重要作用企业占全部企业比重、实现组织创新企业占全部企业比重方面优势明显，分别为全国平均水平的 148.2%、126.4%；相较而言，在工业企业新产品销售收入占主营业务收入比重、有国际市场新产品工业企业占产品创新工业企业比重和企业研发费用加计扣除减免税占企业 R&D 经费支出比重方面还存在较大的改进空间，分别仅为全国平均水平的 41.1%、44.8% 和 45.2%。2016 年云南高于全国平均水平的指标个数较 2014 年增加 4 个，分别为有创新活动企业占全部企业比重、实现创新企业占全部企业比重、实现营销创新企业占全部企业比重和创新合作企业占全部企业比重（图 5-49）。

云南有 14 个指标高于西部地区平均水平，在有研发机构工业企业占工业企业比重、有 R&D 活动工业企业占工业企业比重方面优势较为明显，分别为地区平均水平的 148.0%、141.9%；相较而言，在企业研发费用加计扣除减免税占企业 R&D 经费支出比重、工业企业主营业务收入利润率方面还存在较大的提升空间，目前分别仅为地区平均水平的 47.5%、58.9%。2016 年云南高于地区平均水平的指标个数较 2014 年增加 5 个，分别为有创新活动企业占全部企业比重、实现创新企业占全部企业比重、工业企业 R&D 人员占就业人员比重、万名工业企业就业人员有效发明专利量和认为研发费用加计扣除政策有效果企业占开展创新活动企业比重（图 5-50）。

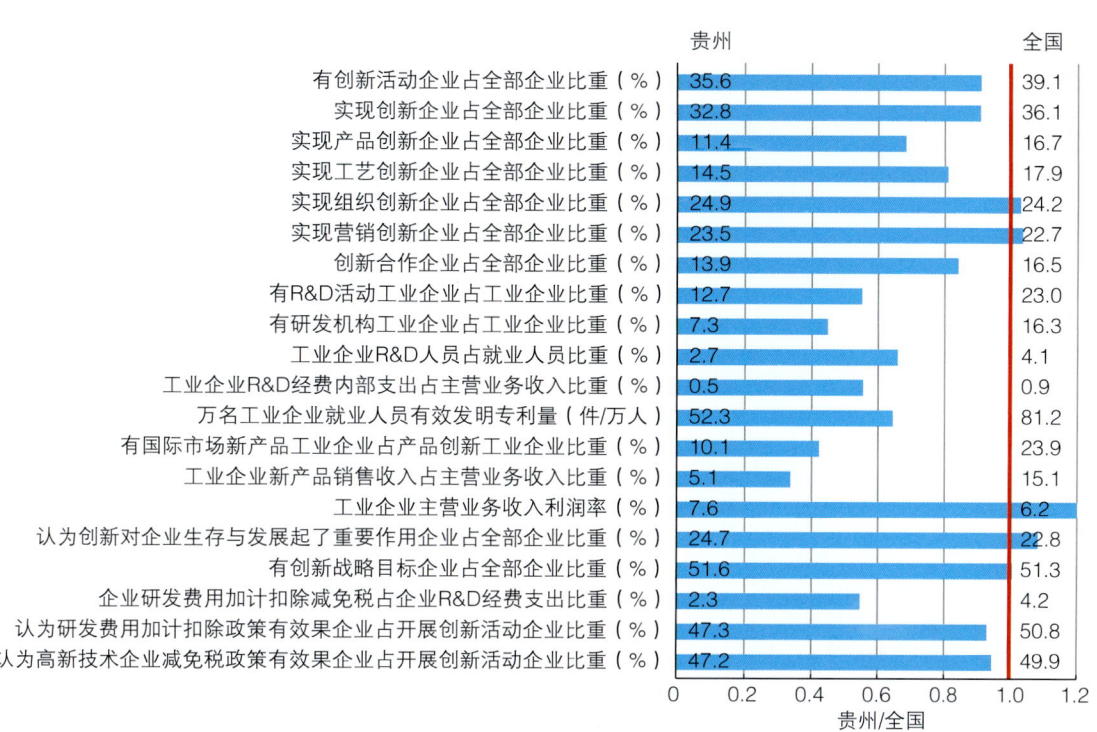

图5-47 贵州企业创新情况：与全国对比

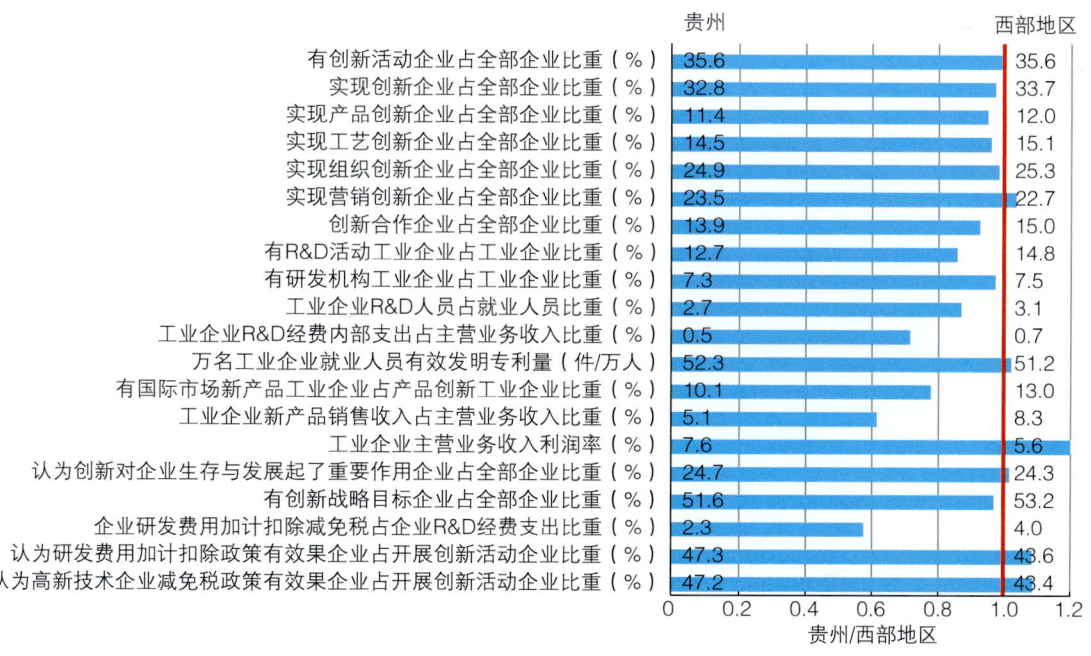

图5-48 贵州企业创新情况：与西部地区对比

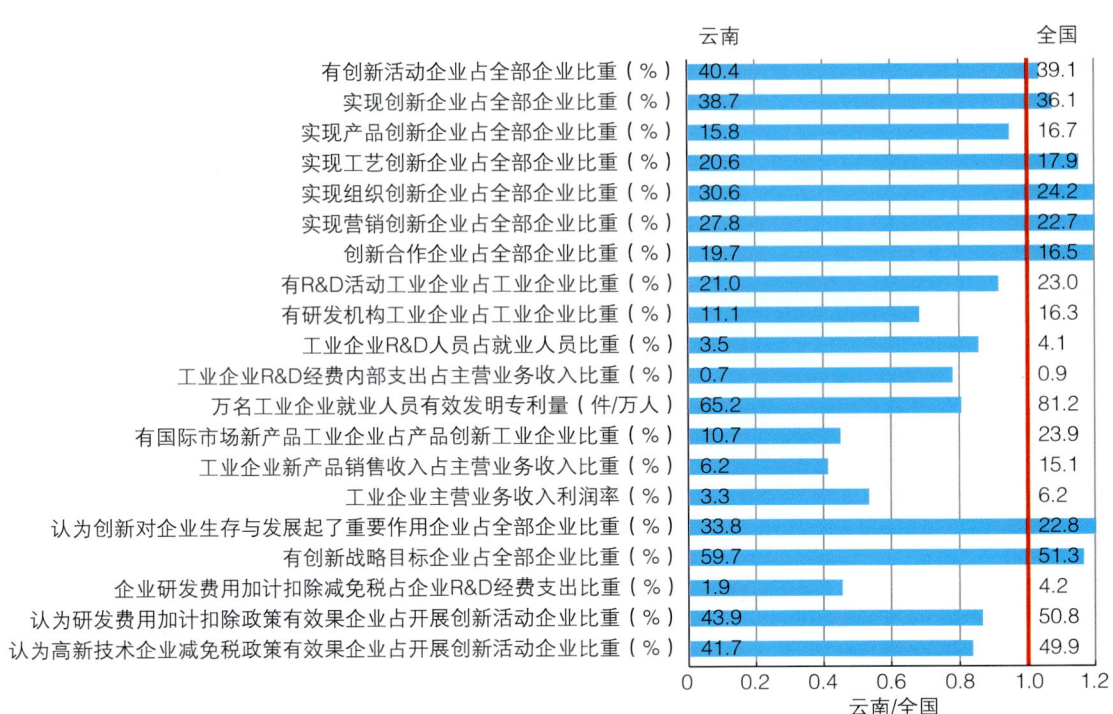

图5-49 云南企业创新情况：与全国对比

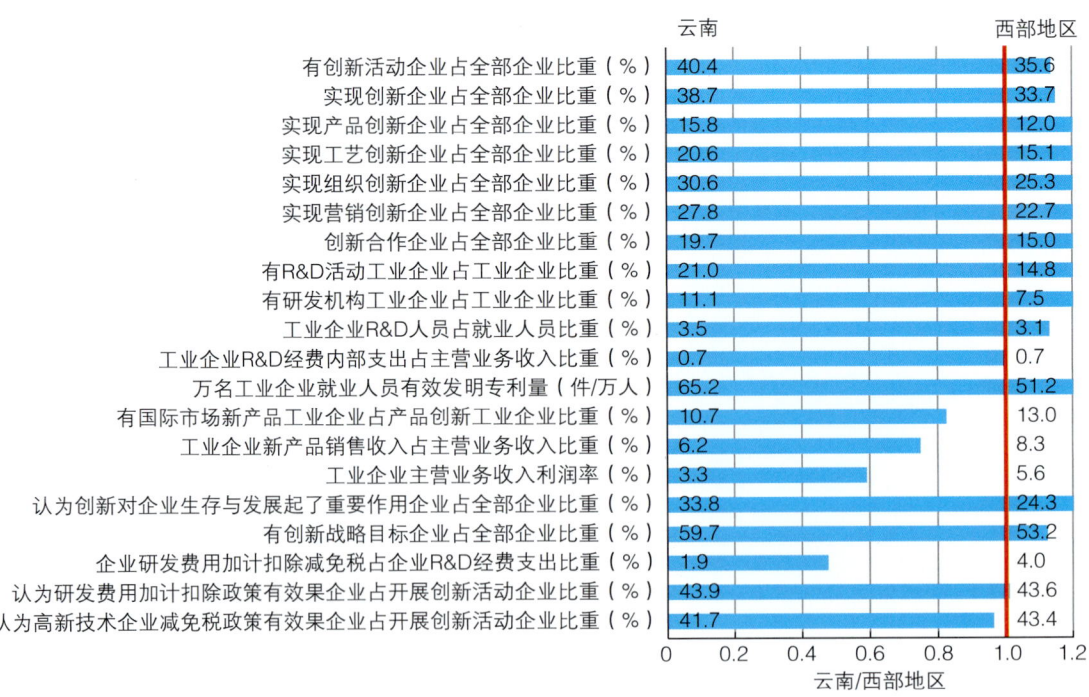

图5-50 云南企业创新情况：与西部地区对比

26.西藏

西藏有 4 个指标高于全国平均水平，在企业研发费用加计扣除减免税占企业 R&D 经费支出比重、工业企业主营业务收入利润率方面优势明显；相较而言，在工业企业 R&D 经费内部支出占主营业务收入比重、有研发机构工业企业占工业企业比重和工业企业新产品销售收入占主营业务收入比重方面还存在较大的提升空间，目前分别仅为全国平均水平的 22.2%、28.2% 和 30.5%（图 5-51）。

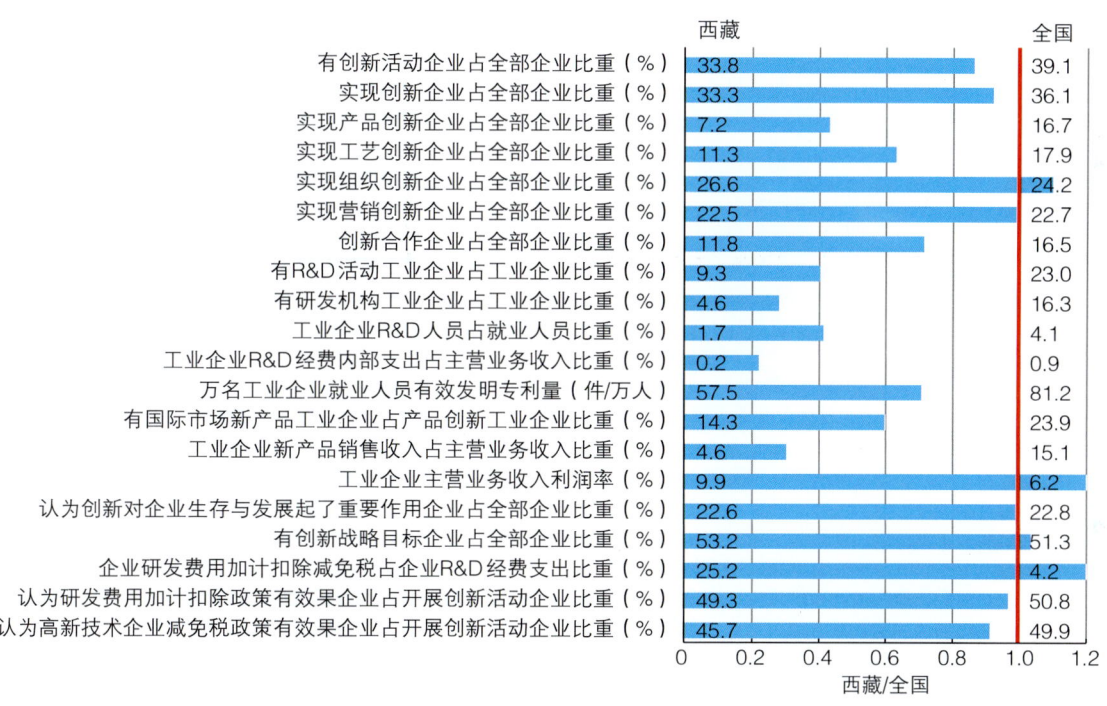

图 5-51　西藏企业创新情况：与全国对比

西藏有 7 个指标高于西部地区平均水平，在企业研发费用加计扣除减免税占企业 R&D 经费支出比重、工业企业主营业务收入利润率方面优势明显；相较而言，在工业企业 R&D 经费内部支出占主营业务收入比重、工业企业 R&D 人员占就业人员比重和工业企业新产品销售收入占主营业务收入比重方面仍存在较大的提升空间，目前分别仅为地区平均水平的 28.6%、54.8% 和 55.4%。2016 年西藏高于地区平均水平的指标个数较 2014 年减少 6 个，主要是因为有创新活动企业占全部企业比重、实现创新企业占全部企业比重、实现工艺创新企业占全部企业比重、实现营销创新企业占全部企业比重、创新合作企业占全部企业比重、认为创新对企业生存与发展起了重要作用企业占全部企业比重、有创新战略目标企业占全部企业比重 7 个指标由 2014 年高于地区平均值转变为低于或等于地区平均值，而万名工业企业就业人员有效发明专利量由 2014 年低于地区平均值转变为高于地区平均值（图 5-52）。

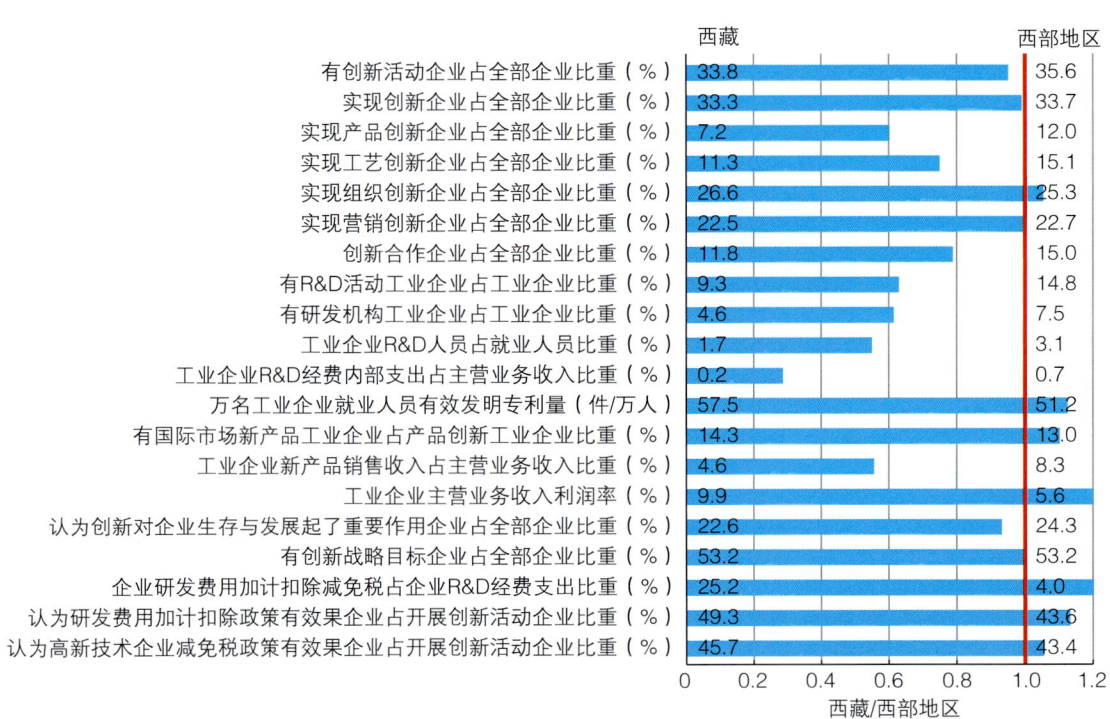

图5-52 西藏地区企业创新情况：与西部地区对比

27.陕西

陕西有 5 个指标高于全国平均水平，在工业企业主营业务收入利润率方面优势较为明显，为全国平均水平的 122.6%；相较而言，在工业企业新产品销售收入占主营业务收入比重、有研发机构工业企业占工业企业比重方面仍存在较大的提升空间，分别仅为全国平均水平的 39.1% 和 45.4%。2016 年陕西高于全国平均水平的指标个数较 2014 年减少 6 个，其中，创新合作企业占全部企业比重、企业研发费用加计扣除减免税占企业 R&D 经费支出比重由 2014 年高于全国平均值转变为与全国平均值持平；有创新活动企业占全部企业比重、实现工艺创新企业占全部企业比重、工业企业 R&D 人员占就业人员比重、认为创新对企业生存与发展起了重要作用企业占全部企业比重由 2014 年高于全国平均值转变为低于全国平均值（图 5-53）。

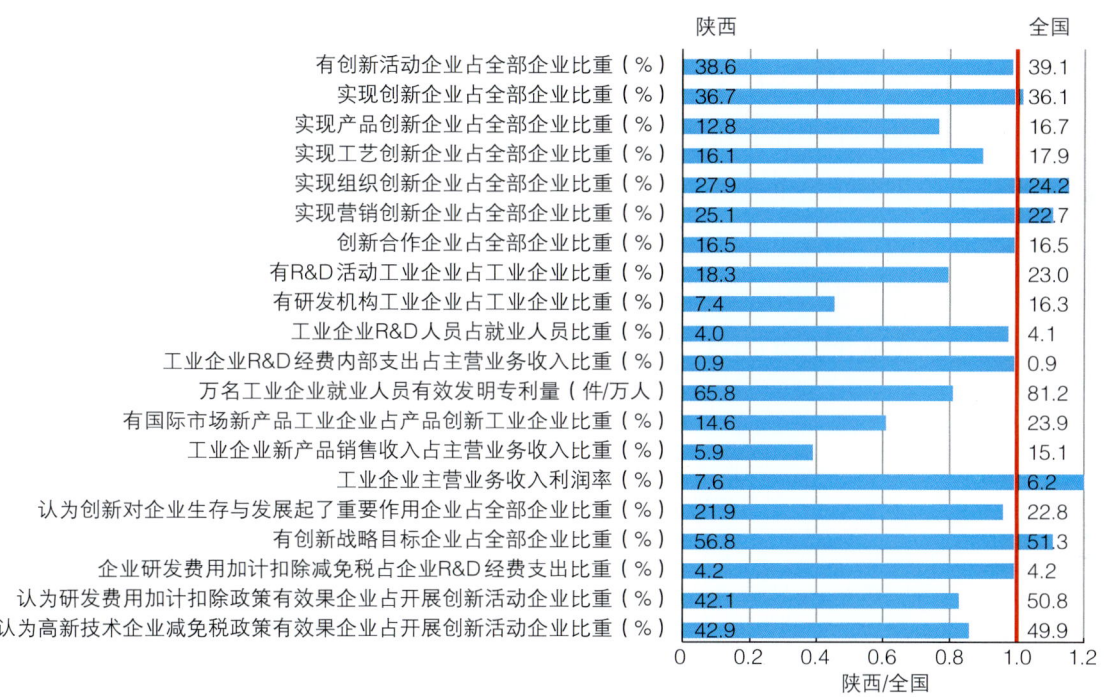

图5-53 陕西企业创新情况：与全国对比

陕西有 15 个指标高于西部地区平均水平，在工业企业主营业务收入利润率方面优势明显，达到地区平均水平的 135.7%；相较而言，在工业企业新产品销售收入占主营业务收入比重方面还存在较大的提升空间，为地区平均水平的 71.1%（图 5-54）。

28.甘肃

甘肃有 2 个指标（有创新战略目标企业占全部企业比重、实现组织创新企业占全部企业比重）高于全国平均水平，分别为全国平均水平的 107.0% 和 105.8%；相较而言，在工业企业主营业务收入利润率、工业企业新产品销售收入占主营业务收入比重方面存在较大的提升空间，目前分别仅为全国平均水平的14.5%、25.8%（图5-55）。

甘肃有5个指标高于西部地区平均水平，在有R&D活动工业企业占工业企业比重、有研发机构工业企业占工业企业比重方面优势明显，分别为地区平均水平的145.9%、117.3%；相较而言，在工业企业主营业务收入利润率、工业企业新产品销售收入占主营业务收入比重方面还存在较大提升空间，分别仅为地区平均水平的16.1%、47.0%。甘肃2016年高于地区平均水平的指标个数较2014年减少5个，主要是因为工业企业R&D人员占就业人员比重、有国际市场新产品工业企业占产品创新工业企业比重、工业企业新产品销售收入占主营业务收入比重、认为创新对企业生存与发展起了重要作用企业占全部企业比重、认为研发费用加计扣除政策有效果企业占开展创新活动企业比重、认为高新技术企业减免税政策有效果企业占开展创新活动企业比重6个指标由2014年高于地区平均值转变为低于地区平均值，而实现组织创新企业占全部企业比重由2014年低于地区平均值转变为高于地区平均值（图5-56）。

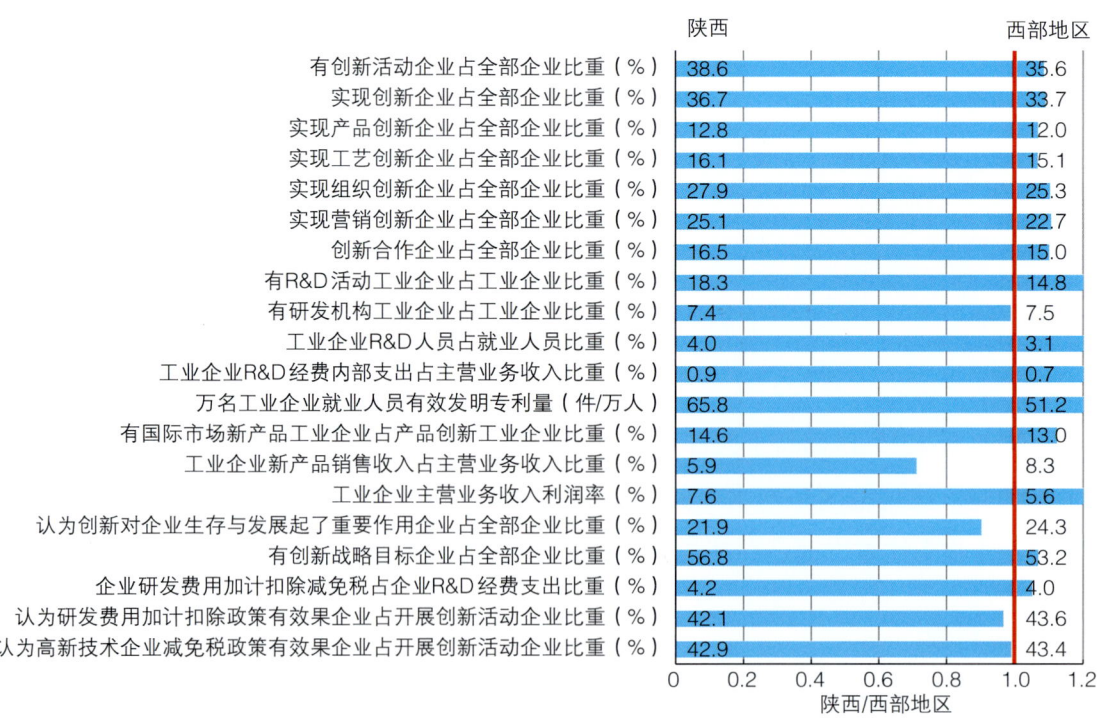

图5-54　陕西企业创新情况：与西部地区对比

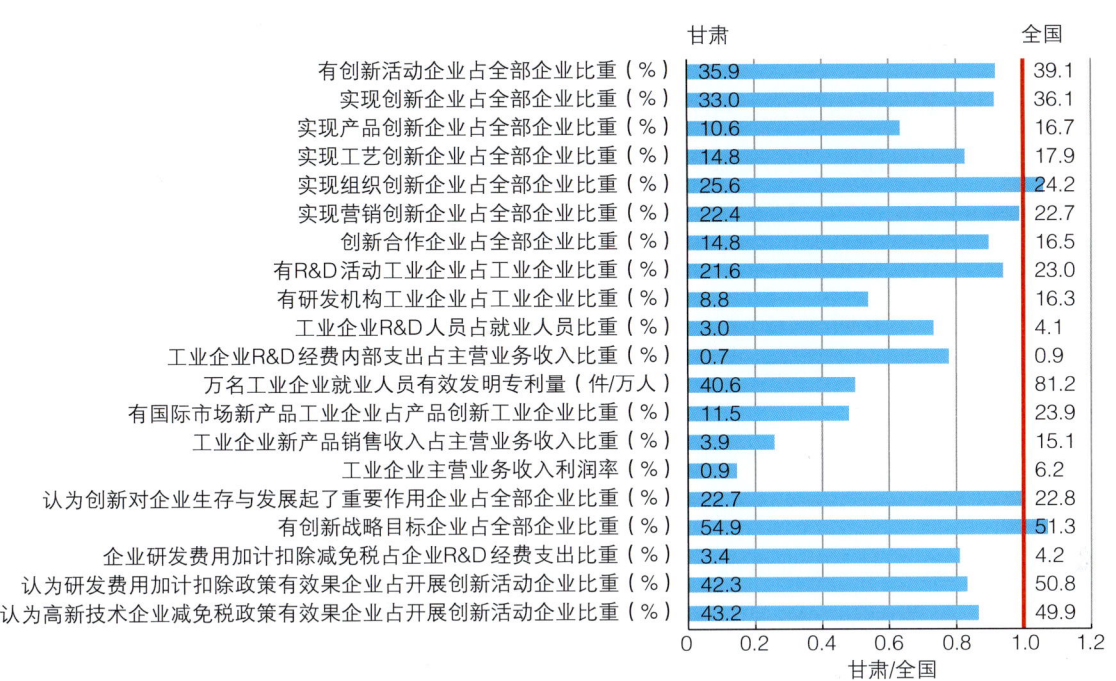

图5-55 甘肃企业创新情况：与全国对比

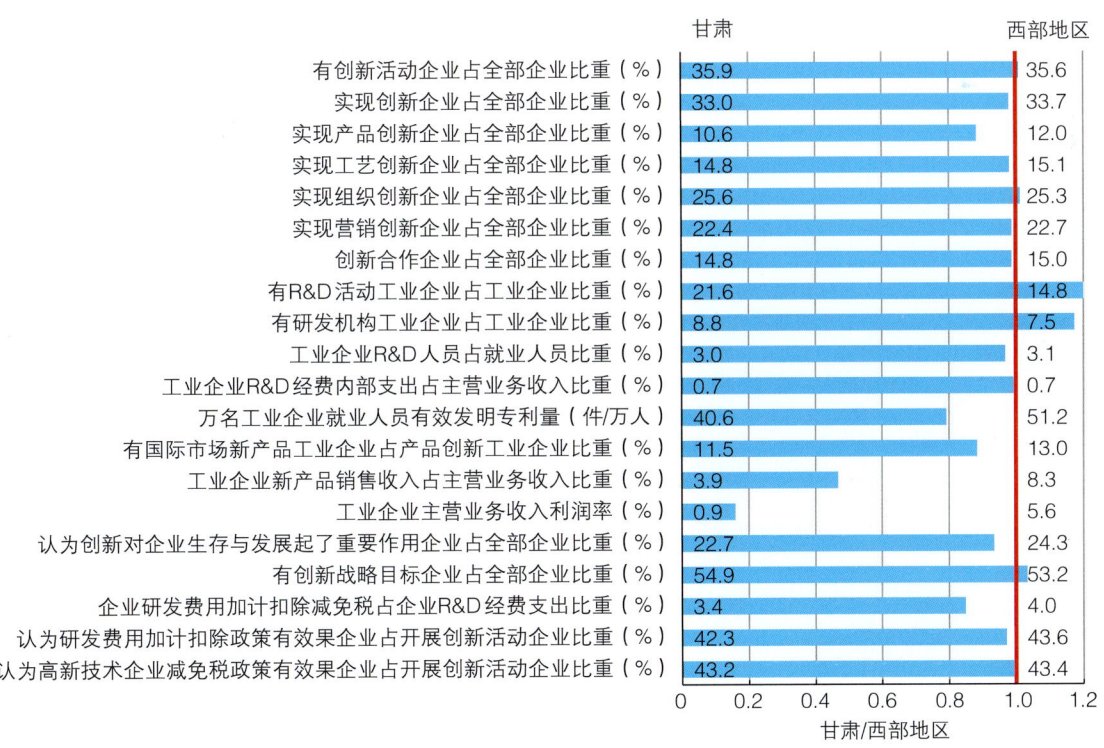

图5-56 甘肃企业创新情况：与西部地区对比

29.青海

青海有 3 个指标高于全国平均水平，在认为创新对企业生存与发展起了重要作用企业占全部企业比重、实现组织创新企业占全部企业比重方面具有优势，分别为全国平均水平的 115.8%、112.4%；相较而言，在工业企业新产品销售收入占主营业务收入比重、万名工业企业就业人员有效发明专利量、工业企业 R&D 经费内部支出占主营业务收入比重方面还存在较大的提升空间，目前分别仅为全国平均水平的 11.3%、24.0% 及 33.3%（图 5-57）。

青海有 6 个指标高于西部地区平均水平，在有国际市场新产品工业企业占产品创新工业企业比重方面优势明显，为地区平均水平的 139.2%；相较而言，在工业企业新产品销售收入占主营业务收入比重、万名工业企业就业人员有效发明专利量和工业企业 R&D 经费内部支出占主营业务收入比重方面还存在较大的提升空间，目前分别仅为地区平均水平的 20.5%、38.1% 和 42.9%（图 5-58）。

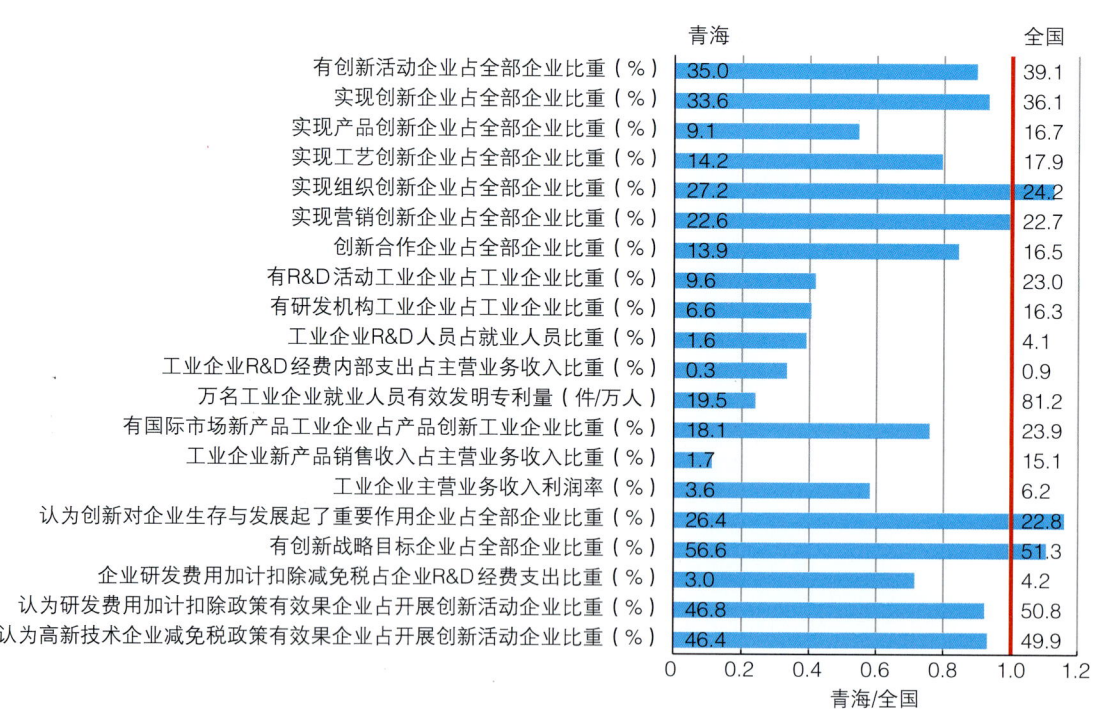

图5-57　青海企业创新情况：与全国对比

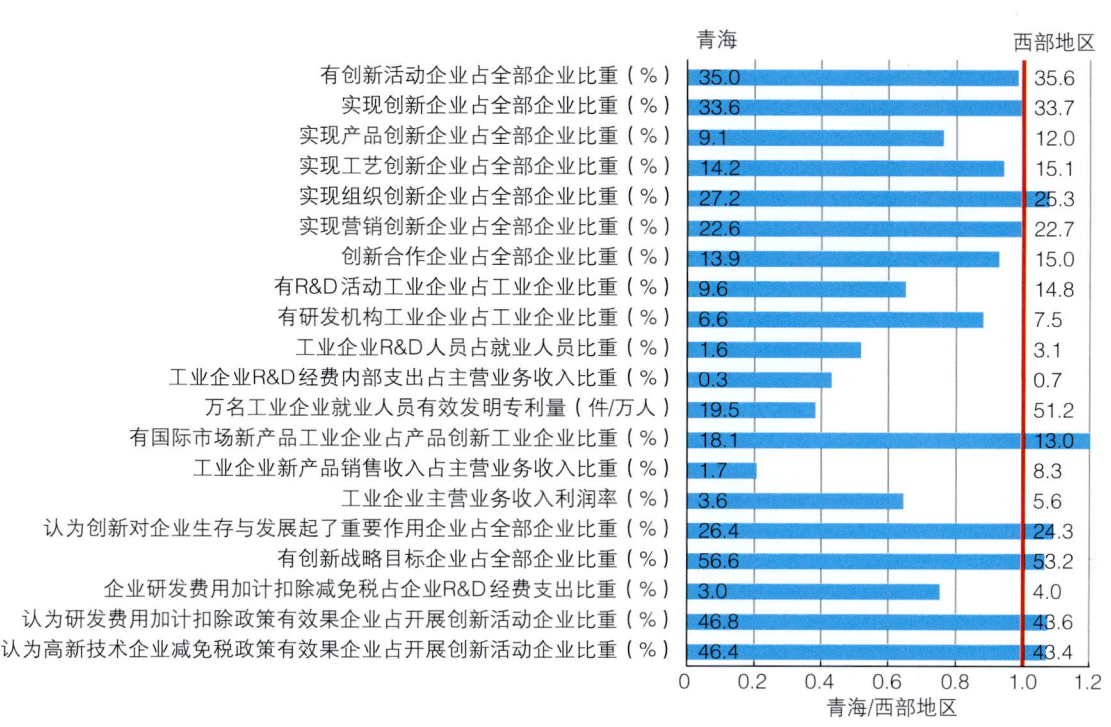

图5-58　青海企业创新情况：与西部地区对比

30.宁夏

宁夏有 7 个指标高于全国平均水平，在认为创新对企业生存与发展起了重要作用企业占全部企业比重、有创新战略目标企业占全部企业比重和实现组织创新企业占全部企业比重方面优势较为明显，分别为全国平均水平的 123.7%、115.6% 和 112.8%；相较而言，在工业企业新产品销售收入占主营业务收入比重、有国际市场新产品工业企业占产品创新工业企业比重和万名工业企业就业人员有效发明专利量方面仍存在较大的发展潜力，目前仅分别为全国平均水平的 37.1%、41.8% 和 49.4%（图 5-59）。

宁夏有 13 个指标高于西部地区平均水平，在有研发机构工业企业占工业企业比重、有 R&D 活动工业企业占工业企业比重方面优势明显，分别达到地区平均水平的 161.3% 和 129.1%；相较而言，在工业企业新产品销售收入占主营业务收入比重、工业企业主营业务收入利润率方面还存在较大的改进空间，目前分别为地区平均水平的 67.5% 和 69.6%。2016 年宁夏高于地区平均水平的指标个数较 2014 年增加 5 个，主要是因为实现创新企业占全部企业比重、实现产品创新企业占全部企业比重、实现工艺创新企业占全部企业比重、实现组织创新企业占全部企业比重、创新合作企业占全部企业比重、企业研发费用加计扣除减免税占企业R&D经费支出比重6个指标由2014年低于地区平均值转变为高于地区平均值，而有国际市场新产品工业企业占产品创新工业企业比重由2014年高于地区平均值转变为低于地区平均值（图5-60）。

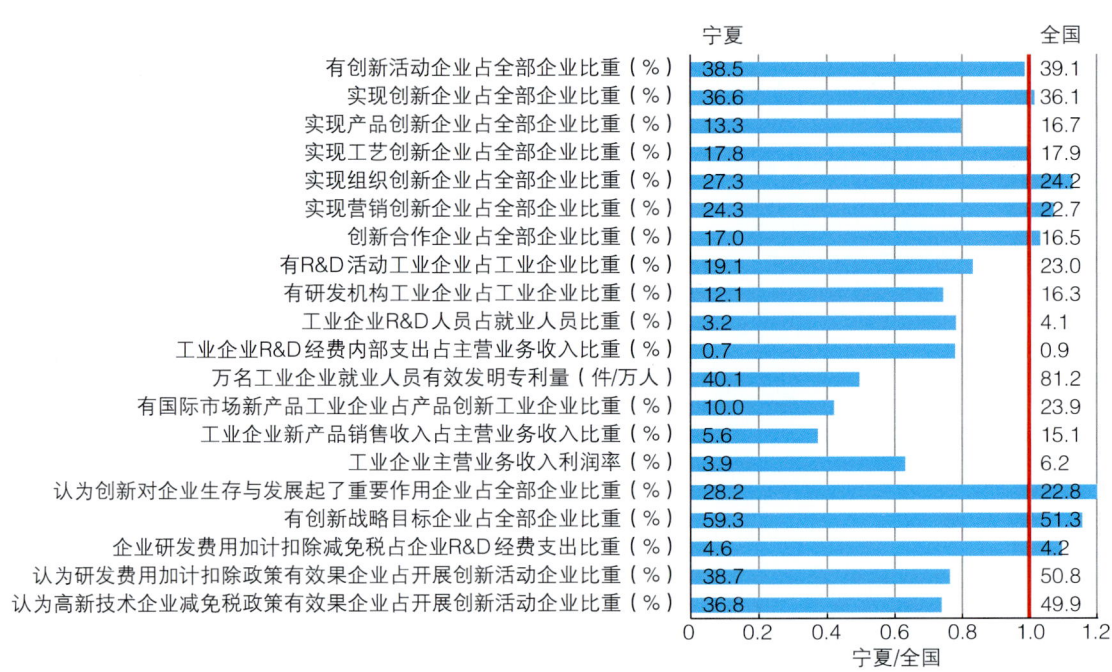

图5-59 宁夏企业创新情况：与全国对比

31.新疆

新疆有2个指标高于全国平均水平，在企业研发费用加计扣除减免税占企业R&D经费支出比重方面优势明显，达到全国平均水平的133.3%；相较而言，在有研发机构工业企业占工业企业比重、万名工业企业就业人员有效发明专利量方面具有较大的提升空间，目前分别仅为全国平均水平的33.7%、35.0%（图5-61）。

新疆有 2 个指标高于西部地区平均水平，在企业研发费用加计扣除减免税占企业 R&D 经费支出比重方面优势明显，达到地区平均水平的 140.0%；相较而言，在工业企业 R&D 人员占就业人员比重、万名工业企业就业人员有效发明专利量方面还存在较大的提升空间，目前分别仅为地区平均水平的 51.6%、55.5%。整体而言，2016 年新疆高于地区平均水平的指标个数较 2014 年减少 7 个，分别是有创新活动企业占全部企业比重、实现创新企业占全部企业比重、实现工艺创新企业占全部企业比重、实现组织创新企业占全部企业比重、创新合作企业占全部企业比重、工业企业主营业务收入利润率、认为创新对企业生存与发展起了重要作用企业占全部企业比重（图 5-62）。

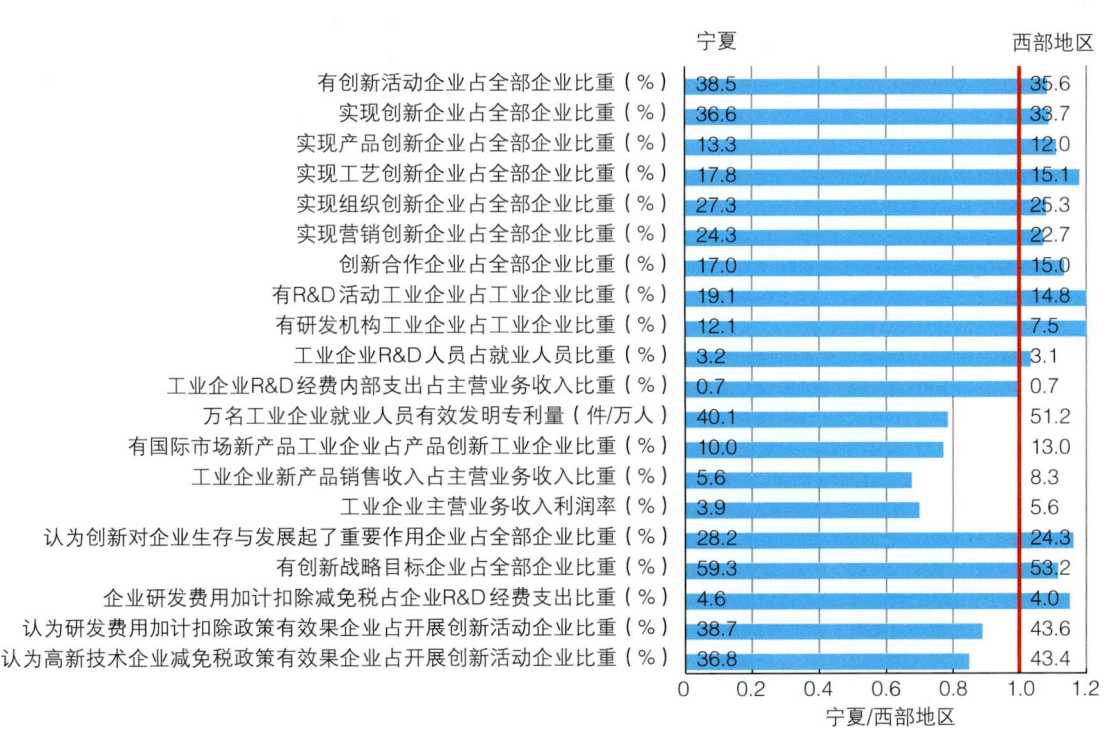

图5-60 宁夏企业创新情况：与西部地区对比

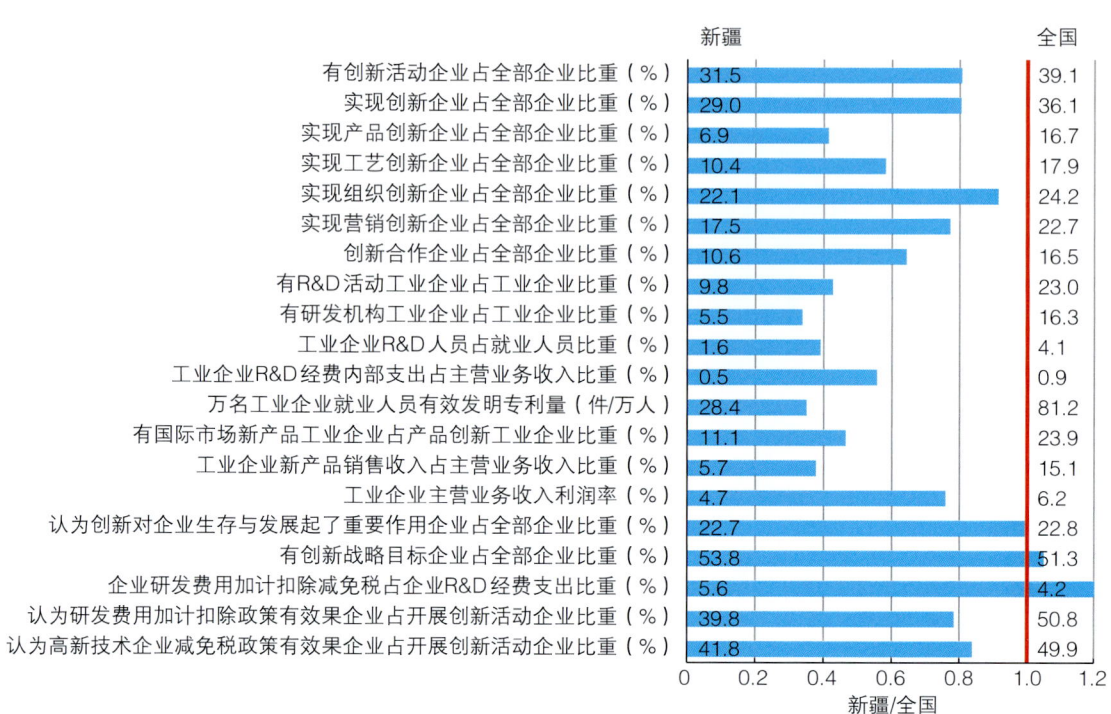

图5-61　新疆企业创新情况：与全国对比

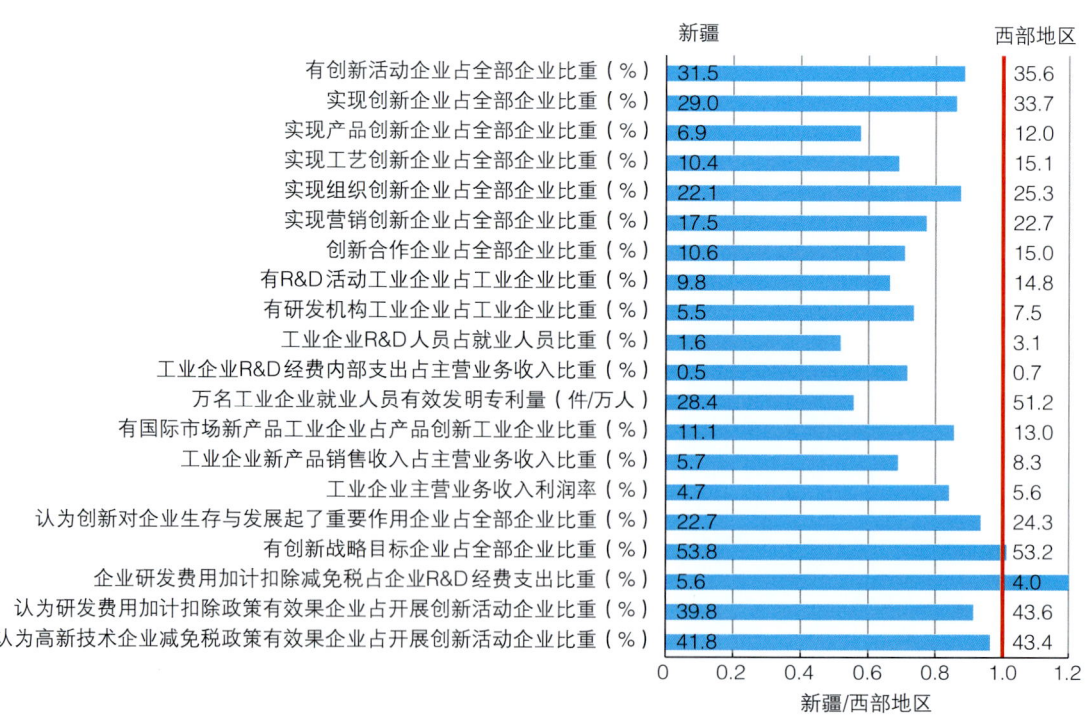

图5-62　新疆企业创新情况：与西部地区对比

三、小结

本章基于构建的指标体系及各省（区、市）可比数据（表5-1），对我国企业创新能力进行了区域对比分析。本章主要结论归纳如下。

第一，各省（区、市）间企业创新能力差异明显。超过全国平均值指标数10个及以上的省（区、市）有7个，其中1个省超过全国平均值的指标数达到19个；相比之下，部分省（区、市）超过全国平均值的指标数不足2个。

第二，中国涌现出一些全国范围的创新领先省（区、市）。例如，江苏超过全国平均值的指标数达到19个；浙江、安徽超过全国平均值的指标数达到17个；北京、天津、上海和广东超过全国平均值的指标数均达到两位数。

第三，不同地区涌现出区域型的创新领先省（区、市）。例如，东部地区的江苏和浙江，其超过地区平均水平的指标数达到15个；中部地区的安徽，其超过地区平均水平的指标数达到19个；西部地区的重庆和陕西，其超过地区平均水平的指标数达到15个；东北地区的辽宁，其超过地区平均水平的指标数达到11个。

第四，与2014年相比，2016年有些省（区、市）的创新能力指标波动较大。以全国平均水平为基准，指标数降幅较大的包括天津（6个）、福建（6个）、陕西（6个）和湖北（5个）；以地区平均水平为基准，指标数降幅较大的包括黑龙江（10个）、新疆（7个）、西藏（6个）、天津（5个）和甘肃（5个）；指标数增幅较大的包括江西（9个）、云南（5个）、宁夏（5个）和重庆（4个）。究其原因，主要在于创新投入能力及协同创新能力指标的相对水平发生变化，具体包括有创新活动企业占全部企业比重、实现产品创新企业占全部企业比重、实现工艺创新企业占全部企业比重、创新合作企业占全部企业比重、创新政策利用等指标。

表5-1 各省（区、市）高于全国/地区平均水平的指标个数

省（区、市）	高于全国平均		高于地区平均		省（区、市）	高于全国平均		高于地区平均	
	2016年	2014年	2016年	2014年		2016年	2014年	2016年	2014年
北京	14	14	10	12	湖北	7	12	14	14
天津	12	18	11	16	湖南	9	9	14	13

续表

省（区、市）	高于全国平均 2016年	高于全国平均 2014年	高于地区平均 2016年	高于地区平均 2014年	省（区、市）	高于全国平均 2016年	高于全国平均 2014年	高于地区平均 2016年	高于地区平均 2014年
河 北	5	3	3	0	广 东	13	15	8	11
山 西	2	1	1	1	广 西	3	1	4	1
内蒙古	1	1	3	4	海 南	4	7	4	5
辽 宁	5	3	11	10	重 庆	7	4	15	11
吉 林	2	3	9	6	四 川	5	8	13	14
黑龙江	0	2	5	15	贵 州	5	4	6	7
上 海	13	12	10	8	云 南	8	4	14	9
江 苏	19	18	15	16	西 藏	4	7	7	13
浙 江	17	15	15	14	陕 西	5	11	15	17
安 徽	17	15	19	18	甘 肃	2	3	5	10
福 建	4	10	0	2	青 海	3	3	6	5
江 西	6	3	11	2	宁 夏	7	4	13	8
山 东	2	2	2	2	新 疆	2	5	2	9
河 南	1	4	1	1					

本章附录　数据来源说明

指标名称及单位	数据来源	数据期间（年）
有创新活动企业占全部企业比重（%）	《全国企业创新调查年鉴2017》	2016
实现创新企业占全部企业比重（%）	《全国企业创新调查年鉴2017》	2016
实现产品创新企业占全部企业比重（%）	《全国企业创新调查年鉴2017》	2016
实现工艺创新企业占全部企业比重（%）	《全国企业创新调查年鉴2017》	2016
实现组织创新企业占全部企业比重（%）	《全国企业创新调查年鉴2017》	2016
实现营销创新企业占全部企业比重（%）	《全国企业创新调查年鉴2017》	2016
创新合作企业占全部企业比重（%）	《全国企业创新调查年鉴2017》	2016
有R&D活动工业企业占工业企业比重（%）	《工业企业科技活动统计年鉴2017》	2016
有研发机构工业企业占工业企业比重（%）	《工业企业科技活动统计年鉴2017》	2016
工业企业R&D人员占就业人员比重（%）	《工业企业科技活动统计年鉴2017》《中国工业统计年鉴2017》	2016

续表

指标名称及单位	数据来源	数据期间（年）
工业企业 R&D 经费内部支出占主营业务收入比重（%）	《工业企业科技活动统计年鉴2017》	2016
万名工业企业就业人员有效发明专利量（件/万人）	《工业企业科技活动统计年鉴2017》《中国工业统计年鉴2017》	2016
有国际市场新产品工业企业占产品创新工业企业比重（%）	《全国企业创新调查年鉴2017》	2016
工业企业新产品销售收入占主营业务收入比重（%）	《工业企业科技活动统计年鉴2017》	2016
工业企业主营业务收入利润率（%）	《中国工业统计年鉴2017》	2016
认为创新对企业生存与发展起了重要作用企业占全部企业比重（%）	《全国企业创新调查年鉴2017》	2016
有创新战略目标企业占全部企业比重（%）	《全国企业创新调查年鉴2017》	2016
企业研发费用加计扣除减免税占企业 R&D 经费支出比重（%）	《工业企业科技活动统计年鉴2017》	2016
认为研发费用加计扣除政策有效果企业占开展创新活动企业比重（%）	《全国企业创新调查年鉴2017》	2016
认为高新技术企业减免税政策有效果企业占开展创新活动企业比重（%）	《全国企业创新调查年鉴2017》	2016